国家社会科学基金"服务型制造企业内外部激励、顾客
关系研究"（立项号：16CGL008）；国家自然科学基
络的制造业产品缺陷识别研究"（立项号：7197117C

经济管理学术文库·管理类

服务型制造企业内外部激励、顾客参与创新与服务创新绩效的关系研究

Research on Effects of Customer Incentive and
Participation on Service Innovation Performance

蒋　楠　赵嵩正／著

经济管理出版社
ECONOMY & MANAGEMENT PUBLISHING HOUSE

图书在版编目（CIP）数据

服务型制造企业内外部激励、顾客参与创新与服务创新绩效的关系研究/蒋楠著. —北京：经济管理出版社，2020.6

ISBN 978-7-5096-7176-4

Ⅰ.①服⋯ Ⅱ.①蒋⋯ Ⅲ.①制造工业—企业创新—企业绩效—研究—中国

Ⅳ.①F426.4

中国版本图书馆 CIP 数据核字（2020）第 097888 号

组稿编辑：杨国强
责任编辑：杨国强　张瑞军
责任印制：黄章平
责任校对：董杉珊

出版发行：经济管理出版社
　　　　　（北京市海淀区北蜂窝 8 号中雅大厦 A 座 11 层　100038）
网　　址：www. E-mp. com. cn
电　　话：（010）51915602
印　　刷：北京玺诚印务有限公司
经　　销：新华书店
开　　本：720mm × 1000mm/16
印　　张：13.5
字　　数：201 千字
版　　次：2020 年 7 月第 1 版　2020 年 7 月第 1 次印刷
书　　号：ISBN 978-7-5096-7176-4
定　　价：88.00 元

前　言

随着供给侧结构性改革的提出，制造业服务创新的重点转移到如何获得顾客需求来改善自身产品和服务。在企业的服务创新实践中，顾客参与对满足顾客需求和实现服务创新效果方面的作用越来越受到重视。然而，学术界关于激励顾客参与方面的研究大多数体现在个体消费者层面，缺乏企业层面顾客的激励研究。服务型制造业顾客激励是提高企业服务创新绩效的关键因素，是促使顾客参与的"催化剂"，探寻顾客激励、顾客参与和服务创新绩效之间的作用机理，明晰三者之间的影响路径对我国制造业服务化转型具有重要的理论意义和实践意义。

本书综合运用服务创新理论、基于知识观的企业理论和激励理论，研究顾客内外部激励对顾客参与创新的影响关系、顾客激励和顾客参与创新对企业服务创新绩效的影响关系。首先，明确内外部激励、顾客参与创新以及服务创新绩效的内涵，分别对各自维度进行划分；其次，构建顾客激励、顾客参与创新以及服务创新绩效之间的概念模型，并给出研究假设；最后，以服务型制造企业和其相应的顾客作为研究对象，结合210份有效调查问卷，采用多元线性回归和结构方程实证检验对所提出的研究假设，然后运用Bootstrap再抽样对顾客参与创新的中介效应进行显著性水平检验。本书的研究结论和创新之处如下：

（1）基于激励理论和组织行为学理论，从外部和内部两个层面探索性地界定了顾客激励的衡量维度。考虑制造业组织顾客的特点，将外部层面的顾客激励划分为物质奖励和互惠关系两个维度，将内部层面的顾客激励划分为自我效能感和自我胜任感两个维度，该维度的划分为制造企业实施针对组织顾客的激励策略提供了支持。构建了顾客激励的测量量表，该量表的信度和效度通过了检验。

（2）厘清了顾客参与的构成维度，为深入研究服务型制造企业和顾客之间的交互关系提供理论基础。该研究结合基于知识观的企业理论，从知识管理的角度，划分顾客参与创新的构成维度，从"观念共识—知识共享—知识共创"这一完整路径诠释了顾客参与；该维度的划分突破了以往研究只从参与阶段分析顾客参与的局限，为全面了解制造业顾客参与的路径提供了支持。

（3）构建了顾客激励、顾客参与创新和企业服务创新绩效之间的概念模型，并对三者之间的关系进行了深入探讨。在理论分析和企业访谈的基础上，定量分析顾客激励对顾客参与创新和企业服务创新绩效的影响，以及顾客参与创新对企业服务创新绩效的影响。研究结果表明：①物质奖励、互惠关系、自我效能感和自我胜任感对服务创新绩效均存在显著的正向影响，但影响效果大小不同。具体表现在，自我胜任感对于服务创新绩效的影响作用系数最大，物质奖励和互惠关系次之，自我效能感的影响效果最小。②观念共识、知识共享和知识共创对服务创新绩效均产生显著的正向影响。③物质奖励、互惠关系和自我胜任感均能正向影响观念共识、知识共享和知识共创，且效果显著，但影响效果却存在差异。具体体现在，自我胜任感影响作用系数最大，互惠关系次之，物质奖励最小。④自我效能感对观念共识、知识共享和知识共创不存在显著影响。

（4）理论推演并实证检验了顾客参与创新对顾客激励和企业服务创新绩效之间的中介效应，构建了"顾客激励—顾客参与—服务创新绩效"这一完整的理论逻辑链。实证研究结果发现，观念共识、知识共享和知识共创在自我胜任感与服务创新绩效之间起着部分中介效应；观念共识、知识共享和知识共创在物质奖励与服务创新绩效之间、互惠关系与服务创新绩效之间起着完全中介效应。在此基础上，采用 Bootstrap 再抽样技术进一步检验了观念共识、知识共享和知识共创的中介效应的显著性水平。检验结果表明，观念共识、知识共享和知识共创在物质奖励与服务创新绩效之间、互惠关系与服务创新绩效之间以及自我胜任感与服务创新绩效之间中介效应显著。

目　录

1

绪 论

首先，本部分阐述了项目的研究背景，并从理论和实践两个方面阐述了研究的意义；其次，给出顾客激励、顾客参与和服务创新绩效研究领域现有研究中所存在的问题，随之提出本书的研究问题；最后，对本书的研究内容、研究方法以及技术路线做了详细的说明。

1.1 研究背景与意义

1.1.1 研究背景

2014 年 9 月，李克强总理在夏季达沃斯论坛上公开号召"大众创业，万众创新"，在全国范围内掀起了"大众创业，草根创业"的新风潮，出现了"万众创新，人人创新"的新局面。创新，在我国已经达到一个崭新的高度。随着创新活动的不断发展，企业创新实践的重点由传统的需求侧改革逐渐转向供给侧改革。2015 年 11 月 10 日，习近平总书记于中央财经领导小组会议上第一次提出"供给侧结构性改革"；次日，国务院常务会议第二次强调"要培育形成新供给和新动力"；同年，11 月 17 日李克强总理又在"十三五"《规划纲要》编制工作会议上指出，在供给侧与需求侧两端共同发力，从而促进产业迈向中、高端。这意味着，经济增长和企业创新更换了一个新思路，由扩大需求刺激消费转变为供给侧改革，由单单指望企业单方面的创新转变为利益相关者（顾客、供应商等）合作创新。

供给侧结构性改革对于制造业而言，同样具有非常重要的意义。激烈的市场竞争使制造业必须采取规模化的生产手段来降低成本，其技术更新加快促进规模化的扩张。然而，规模化又会导致产品出现同质化，从而使"商品化"现象日益突出。在"商品化"大势所趋的情况下，企业提供的产品要与其对手存在明显差别已经变得非常困难，尽管创新的作用对企业来说很重要，但创新的难度越来越大（郭红丽，2006）。随着全球经济从制造经济向服务经济过渡，制造业酝酿着一场影响深远的变革——服务创新。早在 20 世纪 90 年代，经济合作与发展组织（Organization for Economic Co-operation and Development，以下简称经合组织）就向世界宣布："知识是促使生产力提高、推动经济长期稳定增长的极大动力，全世界已经进入了知识经济时代。"随着知识经济时代的到来，以创新为代表的技术进步是经济增长的主要动力之一，也是企业持续生存和增强竞争的源泉（Eisdorfer & Hsu，2011）。甚至有些学者用"不创新即灭亡"来表达创新对企业生存和发展的关键作用。因此，《国家中长期科学与技术发展规划纲要（2006~2020)》确定了建立创新型国家这一目标，之后我国企业相继开展了不同层次的创新，然而实际效果并不理想。经合组织指出：经过十几年发展，与经合组织其他国家企业比较，中国企业创新水平较低。由此可知，我国企业的创新能力并不乐观。对我国而言，提高企业创新能力是企业转型和产业升级的关键，因此，如何提升企业创新能力是我国政府、业界和学界共同关注的重要问题之一。

然而，从国内外的创新实践来讲，创新陷入一个两难境地：一方面，企业必须通过不断地创新来击败竞争对手、抢夺顾客；另一方面，企业消耗了极大的人力、物力、财力生产出来的产品，却存在不能满足顾客需求的风险，不能实现这一产品的市场化及商业化，经常会有不少新的产品费尽周折地研发出来，却迅速夭折。导致这一创新陷入两难境地的根本症结在于传统生产者的生产、创新模式之内的制度缺陷，即新产品的开发仅仅是生产者单方面一厢情愿的行为，只由企业做市场需求调研，处理和分析顾客的相关调研信息作为创新和生产的依据，仅重视需求侧的创新，而忽略了供给侧在整个企业创新活动中的互动作用（涂永式和任重，2008）。追溯到20世纪70年代，顾客参与企业创新活动中所起到的重要作用已经受到企业界和学术界的重视。例如，Cimber以对仪表元件等常见制造业新产品的开发实践研究为契机，发现了其实很多创新并不仅仅是来源于企业的内部，更多地源于产品的实际消费者，通过分析大量的研究数据后得出，80%以上对新产品的改进，都是通过与顾客的直接接触而来的，因这些顾客需求开发出来的新产品，其新颖度、市场份额甚至发展潜力等诸多方面都具备显著的竞争优势。美国企业创新管理领域专家Eric von Hippel在其著作《创新的源泉》和《民主化创新》中提出企业的创新应该以客户为中心，以领先型顾客为中心的创新模式在企业的创新实践中的优势越来越明显，在不久的将来会逐渐取代现行的以制造企业为中心的"闭门造车"式的创新模式。新产品开发从起初的以生产者为主导，逐渐变为以消费者为主导的趋势越来越突出，顾客与企业共同创造产品价值。顾客在创新上的热情、需求以及能力是一个不容忽视的宝贵资源。在创新实践过程中，Sony、新中源陶瓷等新一批制造企业都已经采取了与顾客共同创造价值的创新管理手段，提高了产品的附加价值，企业独自创造价值模式正逐渐失去其用武之地。尤其在供求关系方面的改变，涌现出大量的定制、体验要求，这些都从根本上颠覆了企业的传统运行模式。顾客不再只是被动地购买那些可有可无的产品，转而成为积极的创新主导者，消费者甚至将成为企业新的核心竞争力来源（Conner et al.，2000），顾客开始成为企业的创新伙伴。顾客，正成为一种重要的创新力量。实际上，所有实施创新战略的企业都在致力于寻求一个问题的答案，这个问题就是："作为企业究竟应该如何利用顾客来参与创新这种极具战略性的资源，同时可以高效地利用这一资源？"

前期的研究结果表明，企业和顾客之间的关系是一个不断变化和发展的过程，由顾客不参与、企业独自创新转变为顾客被动参与企业创新，最后转变为顾客主动参与企业创新。企业如何利用这种微妙变化，将顾客参与创新融入企业的产品和服务中为企业所用，是企业面临的重要问题之一。在企业的服务创新过程中，顾客激励有利于促进顾客参与企业创新。激励因素最早是由赫兹伯格在激励—保健理论中提出的，他认为激励和保健是影响人们工作动机的两大因素。国外许多学者针对顾客激励进行了划分。Porter 和 Lawler（1968）建立了综合激励模型，将激励分为内、外两种激励方式，其中，外激励主要包括薪酬、工作条件等；内激励指的是社会、心理特征等因素，如身份认同和互相之间的人际相处等。Kohn（1993）在研究薪酬对员工行为的影响中证实，在较短时间内，薪酬起着很大的激励作用，但相对长期情况下，薪酬的激励效果会显得越来越不明显。Pullins（2001）以认知评价理论为基础，研究了外在薪酬激励与销售人员内在动机的影响关系，表明外在薪酬奖励作为一种行为控制时，将会减弱销售人员的内在动机。Bénabou 和 Tirole（2003）通过建立数学模型论证了外在物质激励在短期内对个体行为仅有弱激励效果，而在长期还有负效应。Garnefeld 等（2012）将网络环境中的激励划分为物质激励和非物质激励，在此基础上，Brzozowski 等（2009）认为，除了物质激励和非物质激励之外，还应该包括反馈。Adiele（2011）的研究中将社会认同加入激励的分类中。

近年来，国内学者也展开了对激励的研究。贺伟、龙立荣（2011）在研究内外薪酬组合模型时，将员工的外在薪酬激励划分为精神类激励和物质类激励，将企业的激励策略划分为牵引式激励策略、推动式激励策略和权变式激励策略。刘云、石金涛（2009）提出，内激励偏好是指某个个体对内在激励因素更加看重，其行为动作很容易受到内在动机的激励；而外激励偏好是指个体对一些外在的激励比较敏感，其行为动作则容易受到外在的动机激励。金辉（2013）将员工知识共享的激励因素分为外生激励和内生激励。刘婧（2013）认为，顾客个人创新行为也受到内外两方面因素的影响，顾客的心理因素与企业的需求和激励等因素将会相辅相成地促进顾客个人创新行为的产生。

上述文献回顾表明，顾客激励是顾客参与创新的"催化剂"，对顾客参与创新行为进行有效的激励是提高企业服务创新绩效的关键所在，如何激励顾客参与创新引起了企业界和学术界的广泛关注。国内外学者在各自领域均产生了很多有价值的研究成果，但总体来讲，现有研究仍存在诸多不足。

服务创新绩效方面的提高是企业服务创新活动的根本落脚点。企业如果无法实现服务创新绩效的提升，那么其创新活动（不管服务领域还是产品领域）必然会走向失败。很多企业的服务创新实践已经为我们提供了先例。但以往研究较少涉及顾客激励和顾客参与创新对服务创新绩效的作用机理，现有的关于激励顾客参与创新方面的研究大多是以定性的理论研究和案例研究为主，定量的研究相对比较欠缺，特别是兼顾顾客投身制造企业服务创新与实践数据的相关分析研究，难以为企业具体的服务创新提供理论指导。因此，企业如何激励顾客参与创新，进而提升服务创新绩效已经成为理论界和实践界关注的一个重要议题。

1.1.2 研究意义

本书为研究服务型制造企业绩效提升提供一个新的视角，能够为现实问题的解决提供理论指导，有助于更深入地把握企业服务创新和顾客参与的内在运行规律。对于顾客激励和顾客参与服务创新行为影响关系的研究，能够扩展企业服务创新的研究范围和研究视角，是对企业服务创新理论方面的补充，有利于加深企业对顾客激励和顾客参与创新行为的理解和认知，指导企业的服务创新实践活动；同时，可以更好地诠释顾客参与创新行为的内在规律，进而有助于协调服务创新活动中企业与顾客之间的关系，促进服务创新活动高效进行。在经济全球化与创新网络化的全面前提下，提高服务创新在"互联网+顾客"背景下的实行效率，对促进科技和经济发展都具有非常特殊的意义。

本书建立在长期调研和前期研究成果所形成的基本认识的基础上，首先，厘清服务创新绩效的内涵特征，明确服务创新绩效的测量维度与测度量表。其次，对顾客参与创新行为以及顾客激励进行深入分析，为研究奠定理论基础。最后，构建顾客激励、顾客参与和服务创新绩效三者之间的概念模型以及提出研究假设，通过实证研究诠释顾客参与创新的主要驱动因素，全面地揭示顾客激励、顾客参与创新和服务创新绩效之间的影响关系。其研究意义主要体现在以下三个方面：

第一，从知识层面、理性行为视角剖析顾客参与创新行为形成过程与原理。以知识管理为基本出发点，深入探究消费者参与创新的构成维度，聚焦于顾客参与创新的动因和效果，揭示服务型制造企业顾客参与服务创新如何产生，进而提出与服务型制造企业服务化战略相匹配的综合管理政策，研究内容和结论丰富了顾客参与服务创新的理论研究成果。

第二，致力于解决企业服务创新活动中如何激励顾客参与，提出内外部激励与顾客参与服务创新之间的匹配机理，构建服务型制造企业顾客激励、顾客参与和服务创新绩效的概念模型，继而利用实证的手段对该模型加以探究，给出相应的对策与建议，从而对我国制造企业服务化战略的实施具有重要的理论指导意义。

第三，探讨如何提升我国制造企业服务化转型过程中的创新绩效这一问题是本书拟解决的关键问题，通过理论分析和实证研究，为我国企业服务创新绩效提升路径给予一定建议与综合对策，对加速我国经济结构调整和产业转型具有重要的现实促进作用。

1.2　研究问题的提出

从顾客参与创新活动中获取顾客知识是企业提升服务创新绩效，并在市场中取得竞争优势的关键手段。企业高效实施的消费者激励策略是让其参与创新的重要保证，是企业能否满足顾客需求实现服务创新绩效提升的重要保证。因此，顾客激励和顾客参与对企业绩效的影响机理成为服务创新领域学者们关注的热点。目前，对服务型制造企业顾客激励、顾客参与和服务创新绩效的研究中存在的问题主要表现在以下四个方面：

（1）对制造业服务创新的激励多集中于企业内部员工。目前国内外学者主要从薪酬激励的视角分析促进员工创新行为的相关问题，鲜见从激励视角出发分析促进顾客参与创新的问题。研究方法上，缺少顾客激励对顾客参与创新的实证检验分析；而且，目前学术界有关内部激励的研究只是关注消费者、员工等个人层面，很少有研究关注组织顾客的激励问题，特别是很少有研究分析组织顾客激励对其参与创新行为的促进效应。

（2）顾客参与的构成维度没有深入的研究成果。现有研究成果大多数将顾客参与作为一个单维度变量，忽视了顾客参与创新行为的形成机理，从而使顾客参与的前因变量没有被充分地识别和讨论，例如，顾客参与创新行为形成经历的阶段、顾客参与创新的促进因素等。这一缺陷使顾客参与创新行为的来源和表现没有被充分识别，缺乏针对性的多维度测量结果，管理者很难针对顾客参与创新的形成过程实施针对性的策略，对企业创新实践的指导意义有限。因此，本书从知识管理的角度深刻剖析顾客参与的形成机理，从形成机理出发划分顾客参与的维度，从而扩展提升服务创新绩效的路径。

（3）顾客激励策略没有在顾客参与创新行为形成过程中得到体现。顾客参与创新的重要作用已经得到学术界和业界的普遍认可，但关于影响顾客参与创新的关键因素则众口不一、仁者见仁。激励理论强调外部环境激励对顾客参与创新的影响至关重要，而动机心理学理论则认为顾客自身内在激励才是顾客参与创新行为产生的决定性因素。本书认为，上述两种观点各执一词，却各有各的道理。基于整合两种观点的思路，针对以上研究局限，借鉴"内外结合，刚柔并济"的思想，本书分别从顾客激励的外部层面和内部层面出发，综合运用概念模型、实证检验和结构方程方法阐明我国企业顾客激励对顾客参与创新行为的实际影响和产生机理。

（4）顾客激励和顾客参与对服务创新绩效的影响缺乏深入研究。现有研究大多数关注的是激励对于个体创新行为的直观效应和个体创新行为对于服务创新效果的直接作用，而顾客参与其间的中介效应并没有深入的研究成果。然而，顾客参与作为顾客激励和服务创新绩效之间关系的中介桥梁，是企业创新活动有效开展的重要途径。因此，本书研究顾客激励、顾客参与创新和服务创新绩效之间的影响关系，有利于更好地促进顾客参与创新，识别服务创新绩效提升的不确定性。

基于此，本书的研究主题可以被分解为三个科学研究问题：

（1）顾客激励的含义以及构成维度是什么？前期研究忽略了顾客激励在组织顾客中所起到的作用，未能完全解决"组织顾客激励是什么以及包括哪些维度"的问题，因此不利于从整体上认识和把握顾客激励的构念，也不利于开展关于制造业组织顾客激励方面的研究。因此，有必要在已有研究成果的基础之上，明确顾客激励的含义，指出顾客激励的结构维度，为研究顾客参与企业创新的激励问题奠定理论基础。

（2）知识层面顾客参与的构成维度是什么？前期研究从不同视角、不同领域给出了顾客参与的构成维度，然而企业创新活动中顾客参与的关键就是获取顾客知识，因此，从知识层面对顾客参与的维度进行划分，有利于揭示顾客参与的内涵，更好地了解顾客参与创新的程度，从而为三者之间的影响关系研究提供理论基础。

（3）企业内外部激励、顾客参与和服务创新绩效之间的影响路径是什么？虽然前期有研究涉及服务创新绩效提升路径问题，但针对顾客激励和参与方面的研究较少，深度不足，这三者之间的影响关系还需进一步探讨。因此，有必要厘清它们三者之间的联系，找出顾客激励、顾客参与创新以及服务创新绩效三者的作用机理，为企业高效使用顾客资源和顾客参与创新行为提供一定的理论指导。

1.3 研究内容、方法和技术路线

1.3.1 研究内容

本书建立在一定的理论研究和实地调研的基础之上，研究问题从制造业服务化转型过程中企业存在的现实实践问题中抽象出来。本书按照研究背景综述、理论假设提出、概念模型构建、模型实证检验、结论与政策建议这一过程展开。结合项目研究背景，得到项目研究内容，主要分为以下四个部分：

第一部分：顾客参与的内涵及其测度研究。这部分首先围绕项目的重点研究问题，通过对现有国内外研究成果的整理，对服务型制造企业进行实地调研，并根据基于知识观的企业理论，深入剖析顾客参与的内涵，发掘并提炼顾客参与的构成维度，从观念共识、知识共享和知识共创三个层面深入剖析顾客参与的具体形成机理。

第二部分：服务型制造企业顾客激励的构成维度以及对顾客参与的影响研究。以第一部分的研究为基础，深入剖析顾客激励的构成维度。通过回答顾客激励不同维度怎样影响顾客参与这一问题，对于企业整体的激励战略和服务创新战略的实施有着重要影响。

第三部分：服务型制造企业服务创新绩效的评价指标与测度研究。以第二部分的研究内容为基础，针对制造业服务创新所独有的特征，以整理、总结前人在此方面的研究结果为前提，进一步提高服务创新绩效部分量表的完善度，使与之相关的项目课题具有更好的可操作性，更符合我国企业服务创新的实践。量表完善过程中，通过中英文相互翻译对照、对量表进行实地面访等步骤，以保证量表的信度与效度达到研究要求。

第四部分：构建和检验服务型制造企业顾客激励、顾客参与创新和服务创新绩效之间的概念模型。根据以上三个部分的研究结果，通过对国内外现有研究成果的整理，以服务创新理论、基于知识观的企业理论、激励理论为基础，分析顾客激励、顾客参与（观念共识、知识共享、知识共创三个维度）和服务创新绩效三者之间的作用机理，并在此基础上构建本书的概念模型。阐述本书涉及所有概念的可操作性定义，明确研究变量的测度方法以及测量题项的选择，论述本书样本的选取、调研过程以及正式问卷的发放和回收过程；对样本数据进行描述性统计分析，具体包括正态性分析、单维度分析、信度检验以及效度检验，并对结构变量进行相应的数理统计分析；初步分析变量之间的因果关系，对本书提出的研究假设是否得以检验予以说明。最后根据实证检验结果，给出相应的对策与建议。

1.3.2　研究方法

采用多元化的研究方法是管理学乃至整个社会科学研究的必然趋势。服务于本书的研究主题，对现有的几种研究方法进行筛选并进行有机整合，保持研究方法运用的合理性、适用性、整体性以及系统性。因此，本书采用"定性研究和定量研究相结合""理论与实践实际相结合""实证分析与规范分析相结合"的研究方法。下面针对研究内容的四个部分所用到的研究方法分别进行阐述。

第一部分：检索和阅读大量与之相关的现有文献，熟知已有的国内外相关研究的状况，采用理论演绎法、归纳分析法、比较分析法、案例研究法、访谈和系统论原理，指出当前研究的最新进展和不足，明确顾客参与的内涵特征，对制造企业服务化转型的情境下，顾客参与的阶段、特征和作用机理进行分析研究，从而明确此情景下顾客参与的构成维度和测量体系。

第二部分：结合国内外学者在顾客激励领域所涉及的研究方向的最新成果，本书采用文献研究法、理论演绎法和归纳分析法，对顾客激励的内涵、特征和异质性关系进行了详细的梳理和论述，以第一部分的实地调研和访谈为基础，确立企业实施顾客激励的组织顾客样本集，针对样本发放调查问卷，采用探索性因素分析和描述性统计分析的方法，确立顾客激励的构成维度和测量体系。

第三部分：结合现有研究成果，在文献梳理和理论分析的基础上，明确界定服务创新绩效的内涵，采用访谈法和案例研究法，对服务创新绩效的构成维度进行探索，并确定其测量题项。

第四部分：利用探索性案例研究方法和结构建模法，构建概念模型，并在此基础上利用层次分析法、主成分分析法、探索性因素分析法、验证性因素分析法、描述性统计分析法、最优尺度回归分析法等统计分析方法，对数据进行分析，优化相应的测量量表，实证检验本书提出的假设和模型。

1.3.3 研究思路与技术路线

基于制造业服务转型过程中顾客激励、顾客参与对服务创新绩效三者之间的关系进行问卷调查，运用实证分析方法，从知识层面对顾客参与进行系统的理论解释，并且探讨三者之间的作用机理，构建概念模型，同时结合问卷数据进行模型验证，根据实证检验结果，为中国制造业服务化转型提出切实可行的且符合中国经济转型背景的实施对策和建议。

本书的技术路线如图 1-1 所示。

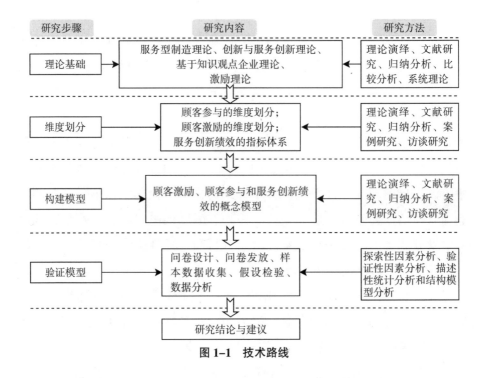

图 1-1　技术路线

1.4　关键概念界定及说明

本书所涉及的关键概念是顾客，本节对"顾客"这一概念进行界定，并阐述其研究边界，对于本书所涉及的其他概念分别在其余部分进行论述。

对国内外有关顾客激励和顾客参与的相关研究成果进行梳理后，发现现有研究多关注于服务业的个人或消费者，而且研究方法多以案例研究为主。本书研究顾客在服务创新过程中承担的角色之后发现，服务业中的顾客参与和制造业中的顾客参与相比，存在着明显的差异，并且后者的顾客参与过程要比前者复杂得多。相对于服务业中的个体消费者而言，制造业的顾客大部分是使用自己产品的企业，也就是组织顾客，两者之间的商业联系可以显著影响组织顾客与企业之间信息交换（Dwyer et al.，1987），来自组织顾客的市场信息或者服务体验信息可以更好地帮助企业识别市场需求和提高自身服务质量，从而更好地提升企业的服务创新绩效（Griffin & Hauser，1993）。然而，制造企业往往拥有一个庞大的顾客网络，在众多的顾客中并不是所有顾客都会参与到企业创新活动中来，作为企业也没有必要激励所有的顾客参与到企业的创新活动中来。国内外相关研究学者根据顾客参与创新的程度将顾客类型分为领先顾客和普通顾客，相对于普通顾客而言，领先顾客的创新程度更高，其创新效果更好，更容易被企业采纳。本书以制造业为研究对象，以领先顾客为调研样本，研究组织顾客创新对企业产品和服务新颖程度的提升问题。另外，对于本书的研究对象来说，顾客和企业均是站在企业层面上考虑，由于两者在创新活动中的交流具有针对性，互动强度相对来说比较持久，导致顾客和企业对所遇到问题的认识比较深刻，从而有利于知识在双方之间的转移，进而推动企业服务创新过程。因此，企业要精确识别领先顾客，在创新活动中能更好地激励领先顾客，并且有效利用顾客资源。

综上所述，该书所涉及的顾客界定在企业层面，指的是购买制造企业产品的产品使用方，也就是一个顾客代表一个企业。

2 理论基础与文献综述

基于绪论中所提到的研究问题，首先，对服务型制造、服务创新理论、基于知识观的企业理论以及激励理论等基础理论的相关文献进行梳理，为下文的深入研究提供前提保证；其次，探讨顾客参与的相关研究文献，包括顾客参与的概念、方式与维度；再次，综述服务创新绩效方面的研究成果，包括其概念、方式与维度；又次，对顾客激励相关的文献研究进行梳理；最后，在梳理和综述现有文献的基础之上，对现有研究进行简要述评。

2.1 相关基础理论

2.1.1 服务型制造

20 世纪以来，理论界和实践界聚焦于有关服务型制造或者制造业服务化的研究，研究成果十分丰厚。在国外，Becker（1962）最早开始对"服务型制造"进行研究，提出"由提供产品向提供服务转移"的思想。1988 年，"服务化"一词由 Vandermerwe 和 Rada 提出，在其论文中这样描述制造业服务化：制造业由原来的只提供产品（或者简单附加与产品的服务），转变为提供产品与服务的集成解决方案。随后，国外学者提出了许多类似的概念来描述制造业服务化，例如："基于服务的制造""服务嵌入型制造""服务导向的制造"等概念，这些概念的含义大体相同，其主要思想都是表达企业在提供产品的同时，还可以基于顾客需要提供更多的产品服务包。国外研究学者 Robinson 等（2002）分析了制造企业服务化如何创造顾客价值。同时，White（1999）在其研究中提到，制造业服务化意味着企业的角色转变，也就是由产品提供者向服务提供者转变，并将制造企服务化的演进概括成四个过程。Gebauer（2008）认为，提供产品售后服务、提供顾客支持和与顾客互动等活动是制造企业实施的服务化战略主要构成方面。

在国内，越来越多的学者注意到制造企业不再单纯地提供产品给顾客，而将战略转变成以顾客需求为中心，为顾客提供更加完整的产品与服务集成解决方案，而且服务在整个集成解决方案中扮演着关键性的角色，成为产品与服务集成解决方案中产品价值增值的关键来源。

2.1.2　创新与服务创新

"创新"（Innovation）这个词语可以追溯到美国经济学家约瑟夫·熊彼特的经济思想。1912 年，熊彼特在其著作《经济发展理论》一书中提出：创新就是把一种从来没有过的关于生产要素和生产条件的"新组合"引入生产体系，以此建立一种新的生产函数。20 世纪，美国 FORD 公司的创始人亨特·福特发出了创新宣言的最强声——"不创新就灭亡"。随着市场竞争日益激烈，企业生产的产品越来越趋于同质化，因此，创新占据了企业生产活动的主导地位，"不创新就灭亡"的现象在企业生产中变得日益重要。

至今，创新理论历经 100 多年的发展，从其研究的发展过程来看，自熊彼特提出技术创新理论以来，经济学家对创新机理的研究从来没有停止过随着研究侧重点的不同，创新理论的研究形成了不同的研究学派，包括技术创新学派、制度创新学派以及服务创新学派等（Antonio，2006）的发展。在制造业实施创新发展战略的过程中，服务创新理论受早期技术创新理论的影响颇深。长期以来，学者们对企业服务创新理论的研究受到对于企业技术创新理论方面研究的影响。因此，在服务创新理论研究的早期，学者们借鉴技术创新的研究方法，更多从技术角度对企业服务创新活动的规律展开研究，并在对服务创新的研究中运用制造业技术创新中发展起来的理论或方法体系。随着学者们对服务特征以及服务创新特性认识的不断加深，加之制造业技术创新、新产品开发和服务创新的融合与互动不断加深，学者们逐渐发现，有关制造业技术创新方面的理论和方法体系并不完全适用于制造业的服务创新研究，制造业服务创新活动的内在规律亟待找到新理论来解释。已有的文献揭示了创新网络对服务创新的促进作用，但对于创新网络中创新主体的选择和服务创新绩效提升的作用机制研究不足（Mustak，2014）。Rosenberg（1982）指出，"创新是一个黑匣子，其中包含大量未知元素和未知程序"，正因为制造业服务创新过程的复杂性以及影响因素的多样性，直到今天学者们对制造业服务创新机理的认识仍然比较片面并不完整。

在现有的研究中，一个不可回避的问题是：制造业技术创新的概念、理论与分析工具等是否适用于服务创新。长期以来，国内外学者关于制造企业创新的调查研究都只集中于技术创新、新产品开发，忽略了关于服务创新的调查研究。近几年，随着人们对制造业中服务认识的逐渐加深，已经察觉服务创新对制造企业创新的重要作用。随后，国内外的研究机构开始进行针对制造业服务创新进行调查研究，针对制造企业中服务创新的概念、维度划分、量表设计以及度量进行了界定。创新管理的相关研究主要是针对复杂产品创新管理和服务型制造企业产品服务创新动力问题，有的研究也讨论了技术管理和创新流程的优化，也有学者从顾客视角分析集成解决方案的开发。总而言之，服务创新与技术创新存在较大差异。

目前，制造业由服务带来的销售额和边际利润正在不断增加，这样以服务拓展为主导的服务创新过程，使得制造企业的角色逐渐由产品生产者向为产品与服务集成解决方案的提供者转变（Kallenberg & Oliva，2003）。从价值链的相关理论看，制造企业的这种改变能够使其重新认识创新主体，从趋势上看是从保证顾客使用产品向支持顾客使用产品而提供服务方面发展（蔡雨阳等，2000）。对制造业而言，发现已有产品或服务的潜在收益，并通过顾客与企业之间的信息分享、技术提供及服务提供从而在产品创新及服务改善方面和顾客成为利益相关者（鲁若愚，2000）。制造企业的服务创新存在于产品的整个生命周期中，企业给顾客所提供的服务内容随着企业与顾客互动关系变化而变化的过程（Wise & Baumgartner，2000）。制造企业在服务创新中直接获得潜在的收益，并获得竞争优势（赵益维等，2003），而制造业服务创新活动的关键在于如何获取顾客需求。制造企业需要在顾客参与创新活动的过程中，获取顾客所需的产品知识或服务知识，进而优化产品服务，更好地服务于顾客的经营过程，最后达到提高制造企业服务创新绩效的目的。

综上所述，面对日益激烈的竞争环境和难以发觉和满足顾客需求，服务创新是传统的服务型制造企业维持生存和增强竞争的源泉，通过顾客参与服务创新是制造企业提升服务创新绩效的有效途径。那么，制造企业如何激励和促进顾客参与服务创新？顾客激励和顾客参与的内在规律是什么？这些问题的回答将为制造企业服务创新以及顾客参与企业服务创新的实践活动提供理论指导。

2.1.3 基于知识观的企业理论

Wernerfelt（1984）首次提出企业资源基础理论（The Resource-based Theory），并将资源定义为企业现在拥有但不是永久拥有的有形的和无形的资产。企业基础理论抛弃了新古典经济学中的企业同质性假设，其核心观点是企业拥有和控制的资源是存在差异的，而其中有价值的、稀缺的、难以模仿以及不可替代的异质性资源是企业获取竞争优势和取得经济成就的源泉。然而，资源基础理论仍然将企业视为一个"黑箱"，难以解释资源转化为企业竞争优势的发生机制。

对于资源基础论来说，企业拥有的独特资源是企业获得竞争优势的关键所在，这些资源包括所有的资产、能力、组织程序、企业特性、信息、知识、学习能力等。随着知识经济的到来，在复杂动态的竞争环境中，知识已经逐渐取代其他资源，成为企业生产活动中最重要的战略性资源和资本（Grant，1996），构成了企业保持持续竞争优势的关键。随着学者对企业研究的不断深入，对知识重要性的认识越来越清晰，知识被认为是隐藏在能力背后，决定企业能力的最重要因素，知识在企业创新活动中的作用也日渐突出。因此，在企业资源基础论和能力论的基础上，学者们开始研究企业的知识资源，基于知识观的企业理论认为，企业是一个知识的集合体（Spender，1996），或者说，企业本质上是一系列高度专有的具有再生能力的知识仓库（Prescott & Visscher，1980），企业应该在现有的能力和社会网络中连续获得并且创新知识，而不是将注意力放在某一时期的知识积累之上（Teece，1997），否则企业中所谓的知识创新就只能是一个个创新"孤岛"。随着知识经济的到来，企业的传统资源和本身积累的知识与企业的服务创新活动无法匹配，如果完全依赖企业的现有知识，便会导致"核心刚性"的产生（Kraatz & Zajac，2001），使企业陷入"创新陷阱"。

随着以服务经济为主的后工业时代的到来，顾客需求的多样化以及产品的同质化，使得服务创新成为传统的制造企业维持生存和增强竞争的源泉（Eisdorfer，2011）。现有研究成果表明，越来越多的企业通过服务创新参与市场竞争。国内外相关研究指出，企业服务创新过程中最重要的战略性资源就是知识（Yli-Renko et al.，2001）。因此，在服务创新过程中，制造企业需要摆脱自身知识的不足和局限性，跨越企业边界，在顾客使用产品的过程中获取服务创新所需要的知识。合作伙伴是服务创新知识的重要来源（Fuglsang et al., 2011；Mina et al., 2014），企业与其潜在的外部知识源（顾客、供应商、竞争者以及合作者）构成一个错综复杂的服务创新网络。由于服务的无形性、异质性和与产品的不可分离性等特征，使得服务创新不同于以往的技术创新，不仅需要来自企业自身长久以来不断积累的知识和能力，更需要了解不同顾客的知识和需求。服务创新网络中的知识源是相对独立但又相互联系的单位，顾客参与服务创新为知识源之间的知识流动提供了渠道。"知识市场"已经出现，供应商和组织顾客尝试着参与产品服务过程来证明自己知识的正确性（Edelenbos，2005），从而促进企业与网络成员之间的知识共享和知识共创。企业通过顾客参与服务创新活动直接获取顾客知识，或者是在顾客参与服务创新的过程中通过顾客与企业之间的互动来获取共同创造的知识，从而实现知识在两者之间的游走。知识共创的本质指的是将承载不同行业知识、具有不同思维的知识源聚集在一起，彼此在交流互动中，通过顾客参与服务创新实现异质性知识的"游走"与创造，从而生成新的知识（张永成和郝冬冬，2011）。知识之间的"游走"分为两种形式：由外到内和由内到外。由外到内的流程指的是企业可以不依赖自身的研发，通过顾客参与服务创新的过程中直接获得外部知识资源，从而实现知识创造；由内到外的流程指的是企业通过积极寻找外部知识源，在双方的交流互动中共同创造新的知识。

综上所述，企业可以看作是一个知识集合体，这些知识资源往往难以通过自身积累获得，然而这些难以获得的知识决定了企业的竞争优势和市场地位。从基于知识观的企业理论重新审视企业：企业是一系列高度专有的、具有再生能力的异质性知识仓库，获得这些异质性的知识是企业实现服务创新的关键，那么，如何获得这些异质性的知识？顾客参与服务创新的过程中知识又是如何凸显出来的？作为制造企业，又是如何激励顾客参与服务创新的？

2.1.4 激励理论

在企业管理实践中，激励理论被用于处理需要、动机、目标和行为之间的关系。不管是研究的深度还是研究的广度，关于激励理论的研究主要以西方学者为主。在激励理论研究的研究初期，学术界的研究重点主要是"需要"，回答员工积极地工作或参加企业活动的基础和动机。20世纪50年代以来，随着市场经济的不断变化，国外关于激励理论的研究不断更新，大致分为以下三个阶段：第一阶段是1957年以麦格雷戈的X理论为代表的威胁激励理论，金钱和惩罚是这种理论的核心思想。当劳动力供大于求时，使用这种激励模式在短时间内的效果颇为明显，但久而久之，便会产生敌意和怨恨，从而影响了沟通和协作。第二阶段是以麦格雷戈的Y理论为基础、以霍桑为代表人物的奖励激励理论，该理论的核心思想是奖励。当威胁激励理论不再适应时，麦格雷戈提出了一种新理论——Y理论，根据此理论产生了奖励激励理论，企业的管理者以物质奖励作为激励，同时让员工参加管理，"二战"以后，以提供工作作为奖励，大大提高了员工的积极性，提升了企业绩效，但这种激励要想取得期望的结果，必须与其他的规章制度相辅相成。第三阶段是以威廉大卫为代表人物的个人发展激励理论，其中心思想是在其他物质奖励的基础上，注意到个人发展激励的重要性和有效性，通过员工对个人发展的追求，达到企业激励的目的。Morse和JoYsch（1980）认为，企业员工在工作时带有不同的需求，最主要的需求就是取得胜任感。19世纪80年代，很多企业打出这样的标语"在这里你不仅找到一份工作，而是找到你的事业"。

自20世纪30年代以来，国外许多研究学者以现代管理实践为基础，提出了许多激励理论。激励理论沿着以上三个阶段的发展轨迹，已经走向成熟。按照形成时间及其所研究的方面不同，国内外很对学者对关于激励理论的研究进行了梳理和总结，大致可分为内容型激励理论和过程型激励理论两大类。

2.1.4.1 内容型激励理论

内容型激励理论指的是以人因需求而激发行为动机为研究视角，研究激励的起因和激励作用因素的具体内容的理论。该理论以马斯洛（A. Maslow）的需求层次理论、Alderfer 的 ERG 理论、McClelland 的成就需要理论和赫兹伯格的双因素理论为代表。

（1）1943 年，美国人本主义心理学家 Maslow 在《人类激励理论》一书中，提出需求层次理论，将个体需求从低到高划分为生理需求、安全需求、社交需求、尊重需求和自我实现需求五个不同的需求层次，这五个需求层次相互之间有重叠（A. Maslow，1954）。针对顾客层面，生理需求指的是顾客维持衣食住行等生存活动所必需的需求，生理需求是最基本的需求，只有生理需求得到满足，才能考虑其他需求；安全需求指的是销售/服务中的安全保障、产品质量保证；社交需求指的是企业对顾客的感情投入、关心顾客，与顾客做朋友；尊重需求指的是顾客得到一定的社会地位，个人能力得到社会认可；自我实现指的是实现个人理想，发挥个人的能力到最大程度，使他们在参与过程中获得更大的快乐。

（2）Alderfer（1969）认为，职工的需要可以分为三类：生存的需要（E）、相互关系的需要（R）和成长发展的需要（G），也就是"ERG"理论。

（3）McClelland（1974）认为，在人的生存需要基本得到满足的前提下，成就需要、权利需要和合群需要则上升为人们较为重视的三种需要。

2.1.4.2 过程型激励理论

过程型激励理论研究的是从个体动机产生到最终行为发生的心理变化过程。该理论主要致力于寻找决定个体最终行为产生的关键因素，弄清这些关键因素之间的相互关系，从而达到预测进而控制个体行为的目的。过程型激励理论包括 Vroom 的希望理论、Skinner 的强化理论和 Adams 的公平理论。

（1）希望理论由美国心理学家 Vroom 提出。他认为，激励因素的作用大小是由个体对激励因素所能实现的可能性大小的期望和激励因素对其本人效价的大小两个方面决定的。

（2）美国的心理学家和行为科学家 Skinner 提出了强化理论。他认为，如果个体行为结果是好的，便对个体动机起正强化作用，即能使个体的行为得到加强和重复；如果个体行为的结果使之前的动机削弱，那么对动机起到负强化作用，进而会削弱个体行为，甚至消失。

（3）公平理论是研究人的动机和知觉关系的一种理论，由美国心理学家 Adams 提出（Adams et al.，1962）。研究结果表明，个体对所得到报酬的满意与否是由进行社会比较和历史比较之后的相对值决定的。

综上所述，无激励的个体行为是盲目且无意义的行为；有激励却无效果的个体行为，说明组织激励出现了问题，更为精确地说是组织激励与个体需求不匹配导致了个体不发生组织预期的行为。因此，顾客激励和顾客参与创新行为之间的影响关系是本书研究的关键问题所在。

2.2 服务创新绩效的相关研究

2.2.1 服务创新

从 20 世纪 80 年代开始，学术界展开了对服务创新的研究。大多数研究结果表明，制造企业产品技术创新和服务创新都是为了给顾客创造价值（Sirilli & Evangelista，1998）。制造企业提高自身竞争优势的手段，不仅可以通过新产品开发或者是技术方面创新，还可以通过改进现有服务或者提供新服务来占领更多的市场。因此，制造企业越来越重视服务创新带来的收益。近年来，学者们也注意到了制造企业服务创新的作用，但总的来说，服务创新的研究还处于起步阶段，现有研究主要从概念内涵、分类构成、绩效提升等方面对服务创新展开了研究，缺少对服务创新理论层次的研究，特别是对服务创新绩效的研究还比较匮乏。

在服务创新的概念内涵研究方面，与产品技术创新不同，无论是学术界还是实业界，学者们对于服务创新的理解均没有达成共识。服务创新（Service Innovation）这一概念最早由 Betz（1987）提出，他认为不同于以往的产品创新或者是新产品开发，服务创新是一种程序创新，其主要目的是将以技术为基础的服务引入市场。Stidham（1992）指出，服务创新是制造企业实施服务化转型的重要手段，是满足顾客需求的重要途径。Johne 和 Storey（1998）认为，服务创新的本质就是开发新的服务产品。Netessine 等（2002）指出，企业的服务创新就是为了能更好地满足顾客多种多样的服务需求，提升企业应对顾客需求的灵活性。Menor 等（2002）认为，服务创新指的是通过开发新的服务或者完善现有的服务向顾客提供与以往不同的体验，从而满足顾客需求，并将服务创新分为渐进式和激进式两种类型。Fitzsimmons（2003）指出，狭义的服务创新是指企业服务过程中的创新行为，广义的服务创新指的是与服务相关创新行为或者针对服务的创新行为。Guerrieri 等（2006）认为，制造企业服务创新指的是制造企业通过改善服务来解决顾客使用产品过程中所遇到的问题，从而为客户创造价值的过程。Zhang 和 Chen（2008）认为，服务创新指的就是企业服务客户使用产品过程时产生互动，在价值共创的过程中了解客户的需求，并给予解决的过程。Gremyr 等（2010）指出，服务创新指的是企业利用已有资源，通过改善、开发新的服务来保持或者提升企业的持续竞争优势。Li 等（2014）从供应链协同的角度展开研究，认为服务创新指的是企业对现有资源的提炼和改善以提升产品的服务质量，使得企业获得持续的竞争优势。

从 20 世纪 90 年代末开始，国内服务创新领域的研究学者们也对服务创新的概念展开了探讨，但目前在该领域的研究上仍然处于起步阶段。鲁若愚（2000）在研究制造业服务创新的基础上，认为服务创新指的是以挖掘现有产品和新产品的潜在收益为目的，通过提供相应的服务与顾客形成伙伴关系，从而对面向顾客的一切活动的改进。魏江（2003）和许庆瑞（2003）认为，服务创新指的是企业在服务顾客的过程中顾客和企业之间相互作用的结果，采用新思想、新技术来改善现有服务流程或者开发新的服务产品，从而满足顾客需求，提升企业的竞争优势。蔺雷和吴贵生（2003）在研究服务创新理论的基础之上，重新对服务创新的概念进行了解释，认为服务创新包含五个要素，即无形性、创新形式、创新度、顾客导向和企业创新，其中，无形性是核心要素，其他四个要素以无形性为核心相互关联和相互作用。

通过以上分析可以看出，学者们关于服务创新的理解主要集中在服务业，制造业领域涉及得比较少，对于制造业服务创新的理解也没有达成共识。虽然国内外学者对服务创新没有得出统一的概念，但表述均符合创新的特征，并且与服务的特性密不可分。本书主要研究服务型制造企业的服务创新，因此，本书将服务创新定义为：制造企业开发新服务或持续改善现有服务的活动和过程。

2.2.2 服务创新绩效

服务型制造企业的服务创新绩效是服务创新和新服务开发领域经常涉及的主要变量之一，其既有创新的特性，又具有服务自身的特性，衡量结果受到服务特性、市场定位和创新努力三方面的驱动。与技术创新绩效不同，针对服务创新绩效的测量，要更加关注顾客满意度、服务质量等指标。国外的研究学者们在充分考虑创新目的、运作情况和衡量标准的前提下，从微观层面给出了服务创新绩效的不同测量指标体系。Cooper（1987）从企业财务绩效、市场影响和机会窗口三个维度测量服务创新绩效，结果证实，企业在某个绩效维度的成功并不能代表会在其他两个绩效维度取得成功。Brentani（2001）通过因子分析将其提出的 16 个服务创新绩效的测量指标推导为 4 个相互独立的维度，即销售和市场份额、竞争力、成本以及其他推动因素。Voss 等（2010）从过程和结果两个方面来衡量服务创新绩效，过程衡量包括三个方面：成本、有效性和速度，结果衡量包括财务、竞争力和品质三个方面。Cordero（1990）采用整体业务绩效、技术绩效和商业绩效来衡量服务创新绩效，并且对其内涵进行了准确的定义。Storey 和 Kelly（2000）提出了对新服务开发的衡量，即财务衡量、基于客户的衡量、内部衡量和行动方案层级的衡量。Kaplan Norton 基于平衡计分卡，从财务、客户、内部流程、学习与成长四个维度来衡量服务创新绩效。Avlonitis 等（2001）使用财务绩效和非财务绩效两个维度（包括 11 个指标）来衡量服务创新绩效。Matear 等（2002）通过新服务开发和员工服务创新行为来测量服务创新绩效。Mansury 和 Love（2008）使用服务销售收入所占全部销售收入的比例来测量企业服务创新的程度。

国内学者主要从效率和效果两个方面来衡量服务创新绩效。孙颖（2009）提出服务创新绩效四维度模型，分别是财务指标、企业成长指标、顾客指标、内部指标。张若勇等（2010）研究了顾客与企业之间互动、组织动机行为和服务创新绩效之间的关系，提出顾客与企业之间的互动是通过组织动机行为影响服务创新绩效，并且环境不确定性在组织动机行为与服务创新绩效之间起着调节作用。赵益维等（2013）认为，影响服务创新绩效的因素有许多，企业自身能力的提高能够促进服务创新绩效的提升，其中企业的自身能力包括资金能力、网络能力和管理能力等。

相反，有的学者认为不是所有因素都能正向提升服务创新绩效。Kwaku（1996）认为，制造企业的技术协同对服务创新绩效产生负向影响。随着服务的无形性，服务创新也具有多样性和复杂性。由上述学者的研究成果可以看出，针对服务创新绩效的测量，不同的学者给出了不同的测量维度，关于服务创新绩效的测量维度尚未达成共识。本书拟对服务型制造企业的服务创新绩效展开研究，目前国外大多数学者对服务型制造企业服务创新的研究，主要是作为企业创新研究的一部分来进行的，少数专门针对服务型制造企业服务创新的研究，也只是涉及服务创新的影响因素方面；国内一些学者针对服务型制造企业服务创新的研究，更多的是关于服务创新的驱动力方面，少数学者涉及服务创新方式的问题。此外，也有学者从外部参与（顾客、供应商、员工等）方面对服务创新绩效进行研究。

综合国内外学者的研究来看，从服务型制造企业服务创新绩效的研究，目前还比较少，本书拟借鉴上述学者对服务创新绩效的测量，从财务和非财务两个方面展开研究。

2.3　顾客参与的相关研究

2.3.1　顾客参与

与有形的产品不同，服务的生产和消费发生在同一个顾客使用产品的阶段。因此，在这个过程中，顾客参与是不可避免的（Gronroos，2000），也就是说，服务不能将顾客与其生产过程隔离开来，而是顾客参与到企业的服务生产过程中，与企业人员一起进行服务生产或创新。20世纪 70 年代末，学者们开始研究顾客参与。Lovelock 和 Young（1979）对顾客参与企业服务生产过程展开了研究，并把顾客作为企业绩效提升的关键因素之一。近年来，顾客参与引起了越来越多的学者的注意，学者们开始从不同的视角对顾客参与的概念、测量维度等方面展开研究。

2.3.1.1　顾客类型

在以产品为主导逻辑的时代，制造业领域的企业和顾客各自承担着自己的角色：产品和服务的开发创新过程都是由企业来完成的，而顾客则单单只是消费和使用产品。然而在这种模式下，企业很容易陷入之前所提到的创新陷阱，花费大量的人力、财力、物力开发的产品和服务得不到顾客的认可，满足不了顾客的需求，达不到企业预期的创新效果。究其原因在于，这些企业的创新活动均是"闭门造车"，没有充分了解顾客需求。

随着经济的发展，市场主导逻辑逐渐从产品主导逻辑转变成为服务主导逻辑，最终转变成为顾客主导逻辑。在顾客主导逻辑下，企业将顾客放到战略核心位置，所有一切产品和服务的研发创新活动都围着顾客展开，如果没有顾客的参与，企业创新很难达到预期的效果。以往研究表明，最初提出产品和服务创新创意的往往是顾客，并非企业。然而，并不是所有的顾客均能参与到企业的产品和服务研发创新活动中，企业所有的顾客大致分为两类：普通顾客和领先顾客。领先顾客具备以下特征：首先，他们跟普通顾客相比具有即将普及的超前需求，而这种需求对于普通顾客来说往往会在若干年后才会遇到；其次，这些领先顾客能从满足这种需求的解决方案中获利，因此才有可能参与到企业的产品和服务创新活动中来。

作为企业来说，要在可能的目标群中精确识别出符合以上特征的领先顾客，比如说，在顾客群中进行调查，根据调查顾客的回答，可以大致识别出"具有即将普及的超前需求"的领先顾客。识别出领先顾客以后，企业就可以让这些领先顾客参与到企业的产品和服务研发创新活动中。然而，仍然存在一个问题，被识别出来的领先顾客不一定愿意跟企业合作，因此，企业要实施一定的激励策略，对领先顾客进行激励，找出参与欲望强烈的顾客进行合作。

2.3.1.2 顾客参与的概念

20 世纪 80 年代中期以来，有学者提出"顾客反馈"和"倾听顾客的声音"等概念来描述顾客参与。近年来，国内外学者从不同的角度对"顾客参与"进行了阐述，本书在文献回顾的基础上，对顾客参与的定义进行了总结，如表 2-1 所示。

表 2-1 顾客参与的概念

研究文献	概念	关注点
Silpakit 和 Fisk（1985）	顾客在精神、体力及情感上的努力与投入等的具体行为	顾客行为
Dabholkar（2015）	顾客被卷入生产和传递服务的程度	参与程度
Kelley 等（1992）	顾客在服务中的参与行为可通过信息的提供及实质的努力等方式来表现，服务产品因顾客参与而有着不同表现	顾客行为
Cermak 等（1994）	顾客卷入与企业服务生产或传递相关的具体行为，其中包括顾客的努力程度	顾客参与的层面（物质和精神）
Rodie 和 Kleine（2000）	顾客在企业的服务生产和传递过程中发生的行为，包括给企业提供资源等	顾客行为
Gruen 等（2000）	衡量顾客对企业的贡献程度，通过顾客使用企业所提供产品或服务的频率高低来反映	顾客的贡献程度
Claycomb 等（2001）	通过服务他们自身或与共同服务的人员合作，顾客实际涉入以帮助创造服务价值	服务价值
Karthik Namasivayam（2003）	顾客在企业服务或者产品的生产过程中所扮演的角色	将顾客参与从单一的产品领域扩展到服务和产品领域
Ritter 和 Walter（2003）	顾客参与进企业产品创新活动的程度，反映了顾客的创新智慧和力量	参与程度
张若勇等（2007）	合作生产、顾客接触以及服务定制	顾客参与的维度
Fang 等（2008）	顾客卷入新产品开发活动的深度和广度	参与程度

资料来源：根据相关文献整理。

从表 2-1 可以看出，学者们从不同的关注点给出的顾客参与的定义是不同的。近年来，随着制造业服务化的快速发展，顾客在服务过程中的角色发生了变化，顾客参与的内涵也随之不断扩大，学者们对其研究分别从服务和产品两个领域展开，本书主要论述制造业服务创新领域的顾客参与。因此，本书界定，顾客参与是指在制造业服务创新过程中，顾客的努力和卷入的深度与广度。

2.3.1.3　顾客参与的维度

查阅国内外相关文献，研究学者们对顾客参与的维度划分和测量量表还没有达成共识。最早对顾客参与进行定量研究，提出测量量表的是Cermak 等（1994），在其研究中用"实际付出的时间和努力程度是多少？"这一问题对顾客参与进行衡量。由于当时对顾客参与维度的研究还处于探索阶段，因此他们提出的量表虽然比较简单，但仍然为以后顾客参与的定量研究打下了基础。

Carbonnell 等（2009）认为，顾客参与通过四个题项来测量，分别是与顾客磋商的程度、顾客出席项目团队、与顾客见面的频率、所使用顾客参与工具的数量，并认为顾客参与对服务绩效的影响可以从可操作性维度（创新速度和技术质量）和市场维度（竞争性优势和销售绩效）两个维度来衡量。Hubbert（1995）将顾客参与按照程度的不同，划分成三个类型：低度参与、中度参与和高度参与。Ennew 和 Binks（1999）在其研究中用信息分享、责任行为和人际互动这三个维度来衡量顾客参与。Alison E. Loyd（2003）指出，顾客参与可以由感知努力、任务定义和信息搜寻来刻画。崔嘉琛等（2011）把顾客参与划分为工作认知、搜寻信息、付出努力和人际互动四个维度。姚山季、王永贵（2012）研究了顾客参与新产品开发的过程，从顾客参与的角色视角出发，认为顾客参与可以划分为信息提供和参与创造两个维度。张红琪、鲁若愚（2014）研究了顾客参与对员工创新行为的影响，将顾客参与划分为三个维度，分别为顾客接触、信息提供和合作生产。

由于顾客参与是一个外延非常广泛的概念，其参与形式的差异较大，因此迄今为止，没有成熟的且得到公认的适合所有服务型企业顾客参与的划分维度。以上通过对顾客参与维度划分现有文献的归纳总结，不难看出，虽然对顾客参与维度的划分不同，但仍然有相同点。学者们一致认同应用信息提供、信息共享以及顾客合作生产来刻画顾客参与。综上所述，目前很多关于顾客参与的研究都是基于这三个维度进行划分的。

2.3.1.4 顾客知识管理

知识，已经逐渐成为企业关键性的经济资源和支配因素，甚至可能是唯一的竞争优势来源，因此，不断创造和补充新知识是企业保持竞争优势的重要途径。创新企业与创新参与者形成了一个开放式的辐射状知识网络，创新企业占据了该网络的核心位置，周围散布着顾客、供应商、竞争者等利益相关者和参与创新者。不同企业或者个体所携带知识的局部化和碎片化决定了这些知识具有异质性的特点。这些知识可以通过企业或者组织边界，有选择性地流入、流出或者聚集，在不同的组织间"游走"。这导致知识创造由原来的企业内部进行转变为在这个开放式的辐射状知识网络中进行，由企业单独存在转变为由顾客、供应商、竞争者等利益相关者共同参与创新。

知识经济背景下，产品服务过程中的知识是复杂的，制造业服务化的最大特点是通过服务提供以实现企业与顾客之间的知识共享与知识创造。在当今的网络社会下，不同的知识源将知识很大程度上输入到产品服务过程中（Pielke et al.，2007），提供知识不再单单只是社会精英的专属。在今天，自信的、受过高等教育、博学的人们获得了更多的知识（Nowotny et al.，2002），因此，知识成为一种公共资产（Bernstein，1991）。"知识市场"已经出现，供应商和顾客尝试着参与企业的产品服务过程来证明自己知识的正确性（Edelenbos，2005）。因此，如何在顾客参与服务创新的过程中，将顾客拥有的知识转化为企业服务创新的能力，是制造业提升服务创新绩效的关键所在。

在市场经济背景下，基于不同目的，有许多参与者创造和依赖知识（Eshuis & Stuiver，2005）。通常，三种类型的知识可以用于制造业产品服务的过程（Rinaudo & Garin，2005；Hunt & Shackley，1999）：①科学知识；②管理知识；③利益相关者的知识，包括外行的、使用的、非科学的和专业的等多方面的知识。这三种类型知识的不同点，如表2-2所示。

表 2-2　三种类型知识的不同点

	科学（专家）知识	管理（政府）知识	利益相关者（供应商、顾客等）知识
知识生产的规范性	科学有效	政策有效	社会有效
有用知识的确保性	有效的同行观点和前景判断	政治环境的适当性	符合当地业务、经验和兴趣爱好的水平
核心业务	科学研究：系统化和对象化的观察	统治行为：政府政策的实践	符合生产、生活的需要
成功的标准	验证科学的假设、扩展知识领域	政府执政的支持	支持自己的利益

资料来源：根据相关文献整理。

制造企业的服务化战略通过服务提供的方式实现顾客参与企业创新活动的过程，进而实现企业与顾客之间的知识共享和知识共创过程。一方面，使制造企业产品或服务的设计、加工等环节更多地与顾客的特定需求产生互动，通过服务提供将创新主体转移到供给侧，从而创造有利于识别顾客需求的产品或服务知识，并使之运用到企业具体的产品或服务中，进而满足顾客需求；另一方面，通过服务提供的方式，企业可以进一步地和顾客建立互惠关系，并将其作为企业获得相关产品、技术发展趋势的知识来源。此外，通过提供服务来增加顾客对制造企业的依赖，制造企业为顾客提供具体产品或服务以满足顾客需求，从而显著提升制造企业的竞争优势。

2.3.2　顾客参与创新

随着制造业服务化转型战略的实施，顾客在企业服务创新中的地位越来越重要，逐渐成为服务创新的主要来源。为了更好地确保企业服务创新的效果，顾客参与起着关键的作用。通过顾客参与服务创新过程，使顾客和企业之间形成了良好的互惠关系，从而更好地获得服务创新所需要的知识，不断改善产品或者服务过程，进而实现企业的服务创新。

受以企业为中心创新理论的束缚，传统意义上，大家一致认为企业承担着产品和服务创新的角色，而顾客只是被动地采用新产品或享受新服务。后来，企业界和学术界逐渐认识到创新行为也可以发生在顾客产品使用的过程之中，顾客也可以在其使用产品或者享受服务的过程中，改造和完善现有产品或服务来满足自身需求，即顾客通过创新的方式来使用产品或服务并解决在使用产品或服务过程中所遇到的问题。不过，目前有关创新的研究主要基于行为的视角来界定，尚没有研究揭示出从内在创新到实际使用创新行为的基本途径，因此，使用创新的研究与实践得到了关注。随着越来越多的顾客在其使用产品或服务的过程中产生创造新产品或新服务的行为，或者说与企业共同创造独特的产品与服务，在这个过程中，顾客因为其承担的多重身份（共同生产者、知识的共同创造者等）而成为国内外研究的焦点，顾客创新问题正在成为企业界和学术界共同关注的热点问题之一。自从"用户（或顾客）也是创新者"的革命性观点被 Hippel 提出之后，学者们针对制造业顾客参与创新展开了深入的探讨。就在人们普遍接受"用户（或顾客）也是创新者"这一观点的同时，越来越多的学者与管理者已经意识到对用户（或顾客）创新行为进行有效管理的重要性。Tether（2007）总结了顾客与服务创新之间的关系，认为顾客可以为企业提供互补性的知识，使企业更好地了解顾客行为，从而提高服务创新的精确度。

国内学者吕秉梅（2000）在其研究中强调，企业应该建立以顾客为核心的服务模式，选择合适的人员服务顾客，充分考虑顾客需求，及时反馈和处理顾客意见，从而更好地满足顾客需求。有些学者给出了服务创新过程的三个要素：企业、员工和顾客，其中以顾客为重。舒伯阳等（2005）认为，服务创新应该以顾客为中心，以顾客忠诚和盈利为出发点，追求顾客份额而不是市场份额。张若勇等（2010）认为，顾客参与对服务创新的影响分为两个方面：第一，顾客参与从服务概念开发到最后投放市场的服务创新过程，或者在服务的使用过程中给企业提供建议，从而有助于企业更及时地、准确地把握顾客需求；第二，由于服务的生产和使用过程发生在同一个阶段，使得顾客参与对企业服务创新活动至关重要，顾客参与企业创新活动的过程中与企业发生大量交互活动，顾客付出一定的时间、精力等资源，参与服务创新过程的各个阶段，将需求信息提供给企业，这些信息能大大地降低企业服务创新的风险，进而有效提升企业的服务创新绩效。卢俊义和王永贵（2011）基于权变管理的视角，构造了以知识转移为中介机制的顾客参与服务创新和创新绩效关系的概念模型，探讨了因果模糊性和知识冲突在顾客参与、知识转移以及创新绩效改善三者之间关系中的调节作用。从已有的研究成果来看，服务创新领域中有关顾客参与的研究主要集中在以下几个方面，如表 2-3 所示。

表 2-3　服务创新领域顾客参与的主要研究方向

研究方向	研究的主要结论	研究文献
顾客参与的概念和动机	顾客参与是指顾客在适合的时机、恰当的阶段参与到企业服务创新过程中的一种创新方式	Alam（2002，2006）
		Marianne 和 Bancel-Charensol（2004）
	认为动机、阶段、程度和方式等构成了顾客参与概念的重要因素	Alam（2006）
	将参与服务创新的顾客分为四种类型，分别是领先型顾客、成长型顾客、逃避型顾客和滞后型顾客	张红琪和鲁若愚（2010）
	由于顾客参与使得服务质量得到提升、满足顾客需要，同时顾客在参与过程中可获取乐趣和知识，因此，顾客在参与服务创新时，具有主动性和自愿性	Nambisan（2002）
	顾客参与创新的意愿程度与参与创新后获得的结果成正比	Martin 和 Horne（2000）
顾客参与方式研究	将顾客参与服务创新的形式划分为：面对面访谈、抽样座谈、头脑风暴、用户会晤等	Alam（2002）
	顾客联合生产、顾客接触和顾客定制化	Skaggs 和 Youndt（2004）
	认为顾客在与企业的互动过程中，让顾客与企业内部创新开发者进行良好沟通，共同创造知识是顾客参与创新的一种方式	Lundkvist 和 Yakhlef（2004）

续表

研究方向	研究的主要结论	研究文献
顾客参与方式研究	在顾客参与创新过程中，企业可以利用各种方式获取顾客意见和信息	陈永顺和吕贵兴（2008）
顾客参与阶段与作用研究	在新服务开发中，服务测试、市场测试等阶段需要顾客的参与	Johnston 等（1999）
	在服务创新的创意产生、商业分析和营销阶段，应充分发挥顾客参与的作用	Martin 和 Horne（2000）
	顾客参与在创意生产阶段更为重要，企业应吸纳顾客参与新服务概念的开发	Prahalad 等（2000）
	顾客在服务概念开发以及商业分析阶段参与，能更好地提高服务创新的成功率	Matthing 等（2004）
顾客参与的管理研究	在服务创新中对共同知识的管理既要考虑顾客的利益，又要考虑企业的利益	Heather 等（2005）
	企业员工和顾客之间的互动十分重要，因此要加强员工和顾客的沟通管理	Liu 和 Chen（2007）
	企业应在各组织要素上进行调整，使之与顾客相适应，以减少顾客参与的组织冲突	Annika 和 Andreas（2009）

资料来源：根据相关文献整理。

与制造业的产品创新或技术创新相比，服务创新拥有其独有的特征，即顾客导向更为明显和突出。因此，应提倡顾客参与到服务创新中，利用顾客拥有的知识提高企业的服务创新能力，进而提高企业的服务创新绩效。企业研发人员集中关注顾客参与服务创新时遇到的问题，认为通过听取凝练顾客提到的有关市场需求和服务创新的意见及建议，并利用顾客相关的技能、知识和精力让顾客参与到企业的服务创新活动中来，从而避免了企业服务创新的失败率（Prahalad et al., 2000）。因此，本书中顾客参与服务创新指的是围绕满足顾客需求的目的，以顾客关系等相关信息资源为基础，在服务创新各个阶段进行互动，从而提升企业服务创新绩效（卢俊义、王永贵，2011）。

本书认为，顾客的积极参与让企业服务创新的导向性更强、更专业，但同时也使企业的服务创新活动变得更加复杂，并且带来服务创新的不确定性，使服务创新的风险和管理的难度增加。因此，有针对性地研究顾客参与服务创新有助于提高企业服务创新活动的成功率。在研究内容上，现有文献集中于考察顾客参与在服务创新各阶段中的直接影响，很少有学者研究顾客参与服务创新过程知识的挖掘、共享以及创造对企业服务创新绩效的间接影响。现有研究也未能回答"顾客激励和顾客参与之间的影响关系"这一问题。

2.3.3 基于知识观的顾客参与

创新来源于企业内部知识的积累，并通过隐性知识和显性知识的交互作用而产生。通过顾客终端获得的或者创造的知识对企业的创新实践来说都被证明是行之有效的。在知识经济背景下，企业能够比市场更有效和更高效地进行知识的识别、获取、转移，企业在本质上是知识获取、转移和创造的集合体。企业所拥有的知识创造与使用能力之间的差异性决定了其竞争优势。产品服务过程中的知识是复杂的，制造业服务化的最大特点是突出服务来实现制造业与顾客之间的知识共享和知识共创。

2.3.3.1 知识共创的相关研究

随着经济的不断发展，营销学研究逻辑的演变依次经历了商品主导、服务主导和顾客主导三个阶段。不同主导逻辑下的知识共创具有不同的特点，具体如表 2-4 所示。在商品主导逻辑下，企业的生产和顾客的消费是相互独立的两个过程，各自创造产生的知识分别在各自的领域内流动。随着服务经济的兴起，知识和技能逐渐取代商品和技术成为主要的对象资源，在这样的背景下，服务主导逻辑逐渐取代了商品主导逻辑。在服务主导逻辑下，由于产品和服务的不同特性，基于产品领域积累的创新知识无法满足服务创新的需要，如果企业过分地依赖现有知识，常常导致"核心刚性"。顾客渐渐成为企业知识的主要来源，不仅仅是产品和服务的被动接受者。因此，"怎么样获取顾客知识"或者"怎样与顾客互动实现价值共创"成为企业提高竞争力急需解决的问题。在消费过程中，顾客产生的这部分知识也是企业想要获得的隐性知识。

表 2-4 不同主导逻辑下的知识共创比较

	产品主导逻辑下知识共创	服务主导逻辑下知识共创	客户主导逻辑下知识共创
"What"	知识由顾企双方分别在生产研发过程和消费过程单独创造	知识通过顾企之间的交互共同创造	知识来源于客户情感体验、消费社群和消费抵触等活动，企业获取这部分知识，实现知识共创
"Why"	提高产品的知识含量，提升企业竞争力	满足顾客需求，提升企业竞争力和效益	满足顾客的身份认同感，企业同时赢得市场
"Where"	分别在生产研发过程和产品消费过程	顾企之间的交互过程	顾客使用产品的消费过程
"When"	价值生成过程	价值交换过程	使用价值再创造过程
"Who"	企业主导，顾客被动接受	企业主导，顾客参与	顾客主导，企业协助
"How"	知识创造通过企业的研发部门的研发产生	通过顾客参与，企业获得顾客所需要的知识，满足客户需要	由顾客主导，企业协助顾客实现价值创造的同时获取知识

资料来源：根据相关文献整理。

在国内知识管理研究领域，有几个意义相近且被经常混用的术语，包括知识创造、知识转移、知识共享、知识扩散等，混用情况非常严重。在研究顾客与企业的知识共创之前，首先要对这些概念进行辨析。这些概念与知识共创相比，有相同之处，即知识共创活动的主体包括知识所有者、知识接收者，其过程涵盖知识外化和内化两个部分。但是，知识共创定义更多关注顾客和企业双方交互过程中新知识的产生过程。本书的知识共创还包含应用新知识实现企业服务创新的过程。因此，结合相关文献，本书给出知识共创的定义：顾客在参与制造企业服务创新的过程中，彼此互动，实现异质性知识从顾客跨越组织边界转移到企业内部，从而创造出知识，并且应用到企业服务创新实践中去。

开放式创新下，知识创造活动不再完全是一个企业研发部门的活动，企业和顾客可以共同创造知识，有用的异质知识跨越组织边界。按照 Chesbrough 等（2006）的观点，企业的服务创新包括由外而内和由内而外的两个基本知识流程。由外而内流程是指在服务创新过程中获取顾客知识，创新的场所有可能不在企业内部，而是在顾客使用产品的过程中，描述了企业可以不依赖于自身的研发，通过利用外部顾客知识资源就可以实现知识创造的实践过程（Lichtenthaler & Ernst，2006）。知识共创的发生阶段如图 2-1 所示。由此，本书可以把服务创新过程中的知识共创分为以下两种类型：内部嵌入型知识共创和外部联合型知识共创。

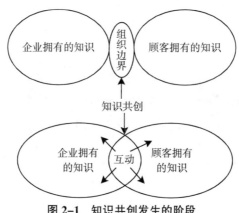

图 2-1 知识共创发生的阶段

首先，内部嵌入型知识共创模式。内部嵌入型知识共创指的是顾客必要的知识流入到企业内部，与企业内部的知识进行有机整合进而实现知识共同创造的过程。这种渗入企业内部的外部知识可能是隐性的，也可能是显性的，可能来自其他企业，也可能来自顾客自身，尤其是那些难以转移以技能、经验等形式存在的隐性知识，这些异质的知识元素对知识创造通常是至关重要的。外部有用知识通过解释、内化以一定的方式被（焦点）企业所获取，其中，通过与外部企业和顾客直接接触和交流等活动，外部个人或企业的隐性知识被企业成员所获得，企业成员的隐性知识增加。而外部个人或企业的可编码的显性知识通过一一对应的方式被企业或企业中的成员所获得，企业及其成员显性知识增加，在这种知识选择性流入过程中，企业边界是一个可渗透性的半透膜，对外部知识进行选择性获取。而在企业内部，进行知识交互转化，形成了一个有机的动态整体，它们共同构成了内部嵌入型知识共创过程中不可或缺的部分。

其次，外部联合型知识共创模式。外部联合型知识共创是指在企业的外部（顾客使用产品或服务的过程中或者企业服务顾客使用产品的过程中），顾客将自己的需求或者是使用产品过程中遇到的问题提供给企业，对于企业来说，这部分来自于顾客的信息通过消化、提炼之后，可以转化为异质性知识，有效整合异质性知识进而创造出新知识。在顾客和企业的互动过程中，知识可以通过双方的组织边界相互渗透，企业利用这些知识可以提高服务创新活动的成功率，而顾客将知识以问题的形式告知企业之后，企业通过服务创新的形式解决问题，从而有利于顾客更好地使用产品和服务。由此可见，新知识是在顾客和企业相互交流的过程中有意识或无意识地创造出来的，这个过程可能是不连续的、间断(Hippel et al.，2003)。制造企业的远程监控是外部联合型的知识共创典型方式，远程监控意味着企业在顾客使用产品的过程中添加实时监控设施，将顾客使用过程中遇到的问题以数据的形式直接反馈给企业，用于改善产品和服务 (Fleming & Waguespack，2007)。但由于使用产品的顾客具有不同的企业背景，这可能是创造力的来源，也可能是导致冲突甚至创新失败的沟通困境的来源 (Ritter et al.，2003)，因此，在外部联合型知识共创过程中，加强对顾客和企业相互之间关系的有效管理对知识共创活动就显得很有必要。

2.3.3.2 顾客参与测量的相关研究

关于顾客参与的测量，研究初期有的学者将顾客参与视为单维度变量 (Cermak & File，1994)，但随着研究的发展，单维度的测量量表不能充分反映顾客参与的整个过程，因此，研究后期，学者们一致认为顾客参与应该划分为多个维度进行测量。近年来，关于顾客参与的维度划分问题引起了学者们的广泛关注，学者们从不同视角、不同行业提出了各自的看法。从知识管理角度出发，Claycomb 等 (1996) 从顾客在服务创新中的角色和起到的作用的角度出发，将信息提供作为顾客参与的一个重要维度；Battencourt（1997）从忠诚、合作和信息共享三个方面衡量顾客参与，并以此为基础研究了顾客与企业员工之间的互动关系。Fang（2008）在其研究中根据研究顾客参与的角度不同，用 CPI 和 CPC 两个维度来刻画顾客参与创新，其中，CPI 指的是将顾客参与视为一种信息资源，CPC 指的是将顾客参与视为合作开发者。张红琪（2014）将顾客参与服务创新划分为信息提供、顾客接触和合作生产三个维度。

综合相关文献，信息提供与分享是现有研究中大多数学者认可的顾客参与的维度。顾客通过参与企业创新，将需求信息传递给企业从而确保顾客的个人需求得到满足。顾客参与创新过程中的知识转移（信息传递）是信息提供与分享的核心（Ennew & Binks，1999）。因此，本书借鉴相关研究成果，将顾客参与划分为观念共识、知识共享和知识共创三个维度。

2.4　顾客激励的相关研究

美国管理学家斯蒂芬·罗宾斯在《组织行为学》一书中这样描述"激励"：在企业能够满足个体预期期望的前提下，个体付出努力从而实现企业的目标，激励是个体和企业相互作用的结果。对于制造企业的顾客来说，作为组织顾客，激励问题和激励个人同等重要。

顾客参与处于一定的外部环境中，来自外部环境的激励有利于促进顾客参与。本书中，外部环境激励指的是企业作为顾客参与的外部环境，为了促进顾客参与所给出的激励策略。激励因素最早是由赫兹伯格的激励—保健理论中提出的，他认为激励和保健是影响人们工作动机的两大因素。国外许多学者针对激励进行了划分，最为代表性的是 Porter 和

Lawler（1968）构建的综合激励模型，他们鲜明地将激励分为外激励和内激励两种，其中，外激励包括薪酬、工作条件等；内激励包括社会、心理特征的因素，如身份认同、人际关系等。Garnefeld 等（2012）将网络环境中的激励划分为物质激励和非物质激励。在此基础上，Brzozowski 等（2009）认为除了物质激励和非物质激励之外，还应该包括反馈。Adiele（2011）的研究中将社会认同加入激励的分类。近年来，国内学者也展开了对外部环境激励的研究。贺伟、龙立荣（2011）在研究内外薪酬组合模型时，将员工的外在薪酬激励划分为精神类激励和物质类激励，将企业的激励策略划分为牵引式激励策略、推动式激励策略和权变式激励策略。金辉（2013）将员工知识共享的激励因素分为外生激励和内生激励。也就是说，个体行为的产生有可能是受到外部激励的影响，也可能受到自身内部激励的影响。

综合以上研究，本书将顾客激励定义为来自企业外部层面的顾客激励和来自顾客自身内部层面的顾客激励，外部层面的顾客激励是指顾客获得的独立于行为之外的物质或非物质层面的满足；内部层面的顾客激励是指由顾客本身的承诺、吸引或者内在感受促成顾客参与创新行为的激励因素。

2.4.1 外部层面的顾客激励

学者们对外部层面顾客激励的研究开启了激励相关因素研究的先河。研究初期，学者们认为顾客参与行为的发生并不一定是由顾客本身的感觉和态度所引起的。由于受企业规章制度等程序化设计的约束，顾客参与创新行为的发生更不能完全听凭顾客的感觉和态度。为了使顾客的参与行为满足企业的预期，企业应该充分设计各种激励手段来促进顾客参与行为的发生，从而达到企业服务创新绩效提升的目的。随之，越来越多的学者围绕以下两个问题对外部层面的顾客激励展开了研究：外部层面的顾客激励是怎么影响顾客参与行为发生的？企业设计的外部层面的顾客激励是否有效？

对于企业层面的顾客来说，外部层面的顾客激励也有着多种多样的表现形式，但主要分为物质和非物质两个方面：分红、产品折扣、提前试用产品等形式构成外部层面顾客激励的物质表现形式；与企业的良好人际关系等形式构成外部层面顾客激励的非物质表现形式。不管任何形式的外部层面顾客激励，其对顾客的作用机理是一致的。根据经济学领域的交换理论，相关研究学者认为，由于顾客的行为结果会得到来自企业相应的回报，如果这种回报恰好能满足顾客期待，那么企业所设计的这种激励手段就被认为是有效的。也就是说，顾客在有效的激励手段作用下，发生企业所设定的某种行为，为企业创造绩效，满足企业的期望；企业评估顾客行为，给予顾客期望的奖励，满足顾客的需要。然而，顾客参与行为之所以会产生，并非是顾客对该行为本身存在兴趣或者热情，行为发生后所带来的由企业提供的相应回报是诱导顾客参与行为发生的真正原因；并且无论这种由企业提供的相应回报是物质的还是非物质的，顾客从得到的回报中获得的满足感是独立于行为之外的。

在明确外部层面的顾客激励作用机理的基础之上，学者们针对"外部层面的顾客激励是否能有效地诱导顾客参与行为"这一问题产生悖论。有些学者认为"外部层面的顾客激励是有效的，能够有效地促进顾客参与行为的发生"。由于外部层面的顾客激励能有效地促进顾客参与创新行为的发生，因此，企业应该设计合适的激励手段来促进顾客的需求与企业的期望相结合。Porter 和 Lawler（1968）、Hamner（1974）等展开了对企业激励员工创新行为的研究，其研究结果表明，物质激励能够提升员工创新行为，进而提升企业绩效；顾客作为企业的"特殊员工"，企业激励员工所产生的实践效果对激励顾客同样适用。Bartol 和 Locke（2000）认为，企业外部层面的顾客激励会在很大程度上促进顾客产生企业期望的行为，进而达到企业的期望。另外，物质奖励在一定程度上对顾客参与创新行为的产生具有告知或暗示的作用，顾客参与创新后获得的物质奖励与其创新能力成正比，因此，物质奖励在某种程度上也能间接提升顾客的自我效能感。相反，也有学者提出"外部层面的顾客激励无效论"的观点。Kelman（1958）认为，外部层面的激励只是得到顾客的暂时性服从，既不能改变顾客对参与行为态度，也不能使顾客对其参与行为做出承诺，也就意味着顾客参与行为会随着外部层面的顾客激励的消失而消失，恢复到之前的状态。再如，Rich 和 Larson（1984）对美国92家企业的高管激励展开了调研，结果表明：实施外部激励（比如实施高管薪酬激励等）的企业比没有实施外部激励（比如不实施高管薪酬激励等）的企业相比，在绩效提升方面并没有很大的差异，从而他们认为外部层面的顾客激励无益于企业的绩效提升。甚至还有学者认为，外部层面的顾客激励会对顾客的参与创新行为产生负面影响，因为外部层面的顾客激励会在一定程度上对顾客的参与行为产生控制，从而使顾客灵活处理和解决问题的能力减弱，进而削减顾客参与创新行为的发生（Mcgraw & Mccullers，1979；Erez et al.，1990）。

综上所述，对于"外部层面的顾客激励是否能有效地促进顾客参与创新行为的产生"这一问题的讨论经历了一个相当漫长的过程，并且至今未达成共识。

2.4.2 内部层面的顾客激励

当学术界围绕"外部层面的顾客激励是否能有效地促进顾客参与创新行为的产生"展开持久争论的同时，另外一部分学者对激励因素的内部层面产生了关注。学者们在研究内部层面的顾客激励时发现，顾客本身对参与行为的兴趣、自身的成就感以及自身胜任感等一系列内在因素会促进顾客参与创新行为的发生，然而这些内在因素与来自企业或者外界的回报无关。

但是，关于内部层面顾客激励内涵的界定在很长的一段时间内并未达成共识。顾客激励的内部层面在激励理论的研究发展进程中也时而出现（Dyer & Parker，1975）：针对个体内部激励的研究方面，美国人本主义心理学家马斯洛在《人类激励理论》一书中，提出需求层次理论，将个体需求从低到高划分为五个层次：生理需求、安全需求、社交需求、尊重需求和自我实现需求，这五个需求层次相互之间有重叠，其中，自我实现需求指的是实现个人理想，发挥个人的能力到最大限度，是一种典型的内部激励因素；在马斯洛需求层次理论的研究基础上，Alderfer（1969）的"ERG"理论认为，职工的需要有三类：生存的需要（E）、相互关系需要（R）和成长发展需要（G），其中成长发展的需要就是内部激励因素的体现。McClelland（1961）的成就需要理论和赫兹伯格的双因素理论也强调了成员有征服挑战性工作的欲望和承担责任的要求；White（1959）的成长需求理论和McGregor（1960）的Y理论也认为成员对外部环境具有挑战的要求。在生命科学领域，Harter（1978）认为，从个体出生开始，在没有任何外界物质激励的情况下，也会展现出好奇的一面，即个体是胜任并且掌控外界环境的。这种自我感知的需求就是内部激励的本质。人们常说的"成就感需要""自我实现的需要"可以视为内部激励的另外一种表述。金辉等（2011）认为，内部激励是指个体对行为"感知胜任的需求"。

Deci（1971）首次对内部激励的内涵进行了界定，他认为在没有外界物质奖励的存在时，某项个体行为的发生仅仅是出于行为本身，这种情况下，个体行为就受到了个体自身的内部激励，具体而言，没有外界激励的条件下，个体仍能感受到激励，原因是个体的自我胜任感和对行为决策的自我控制感源于自身内部，是个体的自我感知，与外界因素无关。以此为基础，Deci（1975）在对认知评价理论的研究中提出，个体对自身胜任能力的感知程度与内部激励水平成正比，当个体认为自己的某些行为是受到外部控制，并不受到自我控制时，个体内部激励的功效会相对减弱，甚至消失。本书所涉及的组织顾客作为一个"特殊的个体"，自身也存在内部层面的激励因素，例如，顾客认为能替企业解决问题的自我效能感，或者顾客参与创新行为所产生的效果被企业采纳时的自我胜任感等。

在明确内部层面顾客激励内涵的基础上，学者们针对"内部层面的顾客激励是否切实催化顾客参与创新行为，进而影响企业服务创新绩效"这一问题展开了持久的争论。迄今为止，学者们对这一问题仍未达成共识。部分学者研究认为：内部层面的顾客激励比外部层面的顾客激励更能激发顾客参与创新的热情，从而促进顾客参与创新行为的发生。Ryan和 Deci（2000）研究了内部层面的顾客激励对个体行为的影响，研究结果表明，内部层面的顾客激励体现了个人开发自我能力、自我创新能力，因此，在内部层面顾客激励的作用下，个体会主动地设置较有难度的目标，当目标实现之后，自身获得一定的成就感，与外部层面的顾客激励作用下产生的个体行为相比，内部层面的顾客激励控制产生的个体行为会使个体本身对行为产生兴趣，从而给企业绩效带来较高的产出。Sheldon 等（1997）以及 Nix 等（1999）一系列实证研究结果也证明了上述结论，认为在给企业绩效带来较高产出的同时，个体也能拥有更多的成就感和自我效能感。因而可以得出，顾客激励的内部层面是顾客实现自我效能感和自我胜任感的重要来源之一。但是，与此相反，也有一部分学者认为内部层面的激励会减缓企业绩效的产生，指出内部层面的顾客激励关注的是自身目标并非企业目标，因此对企业来说，内部层面的激励不一定是有益的。并且，受内部层面顾客激励控制的顾客往往受到自我控制的需求，很难与别的企业发生合作，也不易向别的企业妥协。同样，Osterloh 和 Frey（2000）研究认为，顾客如果以忽视企业目标为前提来实现自身目标的话，企业是不会对其参与行为给予重视或支持的。

2.4.3　顾客激励代表构念的选取

如前所述，外部层面的顾客激励是指顾客获得的独立于行为之外物质或非物质层面的满足；外部层面的顾客激励能对顾客参与行为的发生产生功效的根源在于顾客对于行为发生之后对所得到的能满足顾客需要的回报的期待（Kelly & Thibaut，1978）。正如经济学理论和社会学理论所说，在既定条件下，顾客总是倾向于选择对自身效用最大的行为。也就是说，交换行为只发生在收益大于或等同于成本的情况下。在顾客参与创新的情境下，顾客也会对比在参与企业创新过程中所期望的收益与所付出的成本。顾客参与创新的成本指的是顾客为参与企业服务创新付出的一切努力，包括时间、精力、情感等资源；顾客参与创新的收益是指顾客完成企业创新的参与活动后的收获，这些收获可以是经济方面的，比如分红、产品折扣、提前试用产品等，也可以是非经济方面的，比如双方良好的关系维系等。具体的顾客参与创新外部层面的激励过程可描述为：顾客付诸努力参与企业预期的创新活动，满足企业的期望；企业对顾客的创新行为进行评价，给予顾客相应的回报，满足顾客的需要。基于此，本书选择物质奖励和互惠关系作为研究顾客参与创新外部层面顾客激励的两个代表构念。

内部层面的顾客激励是指由顾客本身的承诺、吸引或者内在感受促成顾客参与创新行为的激励因素。也就是说，如果企业想让顾客更好地为其产品提供创新方面的建议，最直接、有效的方法就是给顾客一个好的产品或者好的平台让顾客自我发挥。在顾客参与创新领域，虽然许多学者的理论研究提及内部层面的顾客激励对顾客参与创新的重要性，然而对有内部层面的顾客激励因素如何影响顾客参与创新行为并未给出明确回答。基于此，本书以组织行为理论和认知评价理论为研究基础，选取内部层面顾客激励的构成维度。

根据认知评价理论，内部层面的顾客激励来源于顾客自身对自我感知的需求。顾客在与制造企业沟通互动的过程中，之所以能表现出分享自己的知识、渴望施展自身能力等特征，是由于顾客需要感觉到他们自身是能够胜任外部环境、能够解决所遇到的问题并且为企业创新贡献力量的，正是这种自我感知的需求激励着顾客去帮助企业解决问题和服务创新。这种自我感知的需求在学术界被进一步清晰地界定为"自我效能"的感知。在顾客参与创新领域，部分学者也认同自我效能感是一种典型的内部激励，会激发顾客参与顾客创新行为的产生。基于此，本书选择自我效能感作为研究内部层面顾客激励的另外一个构成维度。

根据组织行为理论，内部层面的顾客激励还可能源自于外界的赞同感。顾客在帮助企业创新的同时，其行为得到企业的认同，是一种无条件的、主动承担责任的行为，与外部层面的顾客激励因素无关。这种行为就如日常生活中常见的个体行为中的"拾金不昧"等。与自我效能感不同，这种利他主义的需求并非出于顾客本身的自我效能感，而是出自于顾客本能的帮助他人的精神或者期待得到企业认可的感受。心理学研究领域，有些学者将这种利他主义的需求归因为个体自身助人的愉悦感。在顾客参与创新领域，也有部分学者关注到顾客的自我胜任感，并提出了自我胜任感有助于顾客参与创新行为的产生。基于此，本书选择自我胜任感作为内部层面顾客激励的另外一个构成维度。

2.5　研究述评

在现有的研究成果中，学者们较多地将激励理论运用到员工激励层面，从需求层次理论、期望理论到公平理论、强化理论，大部分被运用于教导管理者如何去激励员工。例如，Hebda（2007）指出薪酬、奖励与认可对创新参与者具有激励作用；刘云、石金涛（2009）实证研究了组织创新氛围对员工创新行为的影响，研究表明，内外在激励偏好均正向预测员工的创新行为。但是，在以顾客为主导逻辑的今天，激励顾客与激励员工显得同等重要。从研究角度看，学者们一直致力于理解激励的作用，认为激励是顾客对企业做出贡献的动力源泉。现有的关于激励顾客参与方面的研究大都是以定性的理论研究和案例研究为主，定量的研究相对匮乏，尤其缺乏结合顾客参与制造企业服务创新实践数据的相关研究，难以为企业具体的服务创新提供理论指导。

综观已有研究文献可见：第一，服务型制造企业的服务创新研究整体上处于刚刚起步阶段，缺乏针对提升服务创新绩效的深度理论研究；第二，关于顾客参与服务创新的系统性理论探索零星片面、极不充分，相关研究停留在定性的理论研究和案例研究方面，缺乏针对顾客参与服务创新方面的实证研究；第三，激励的相关研究虽然丰富但研究对象只针对企业内部员工，对激励组织顾客参与的参考价值有限。

2.6　小结

服务型制造企业顾客激励的类型划分是本书的研究起点，顾客参与是本书涉及的核心概念，服务创新绩效是本书另外一个重要变量。研究服务型制造企业顾客激励、顾客参与和服务创新绩效的影响机理，需要重点厘清国内外学术领域关于顾客激励、顾客参与和服务创新绩效方面的理论研究。

首先，回顾并梳理了与本书相关的基础理论：服务型制造、服务创新理论、基于知识观的企业理论和激励理论，并对这些理论的贡献和局限性进行了述评，为本书下一步研究服务型制造企业顾客激励、顾客参与和服务创新绩效之间的影响关系提供相应的理论基础。

其次，回顾了顾客参与的相关研究成果，结合其最新研究进展，界定了顾客参与的内涵，对顾客参与的维度划分进行了回顾和梳理，最终从知识管理的角度，明确了顾客参与的维度划分：观念共识、知识共享和知识共创，并且对这三个维度进行了综述。

再次，对服务创新已有的研究成果进行了回顾，界定了服务创新的内涵，针对不同学派、不同研究角度对服务创新的类型进行了总结，论述了服务创新绩效与企业创新绩效的区别，给出服务创新绩效的测度。

又次，对顾客激励的研究现状、研究历史和最新进展进行了回顾和梳理，从内部和外部两个层面进一步划分顾客激励的构成维度，以便本书更好地研究顾客参与创新的发生机理。

最后，在理论回顾的基础之上，给出已有文献的研究述评，为后续研究明确了主题和方向。

3

概念模型的构建与研究假设的提出

围绕本书的研究问题，在回顾以往研究文献的基础上，本部分首先分析顾客激励和顾客参与（观念共识、知识共享和知识共创）的关系，顾客参与和服务创新绩效的关系，以及顾客激励和服务创新绩效之间的关系，并在此基础上提出概念模型。然后结合概念模型，依据相关理论基础和相关研究，具体分析各变量之间的关系，并提出相对应的研究假设。

3.1 概念模型的提出

3.1.1 顾客激励和顾客参与的关系

自从 Lovelock 和 Young（1979）在其研究中提出顾客参与的概念，学者们认为顾客作为一种生产要素，是服务生产效率提升的来源之一。随着顾客与产品、顾客与企业之间关系的微妙变化，顾客由原来的使用产品转变为被动参与，最终转变为现在的主动参与。如何利用这种微妙变化，将顾客参与创新融入自己的产品或服务中来、为企业所用是制造企业服务创新所面临的关键问题。企业应该激励顾客更多地介入产品或者服务创新过程，进而提升企业的服务创新效率。顾客参与创新活动既需要内部激励因素的驱动，也需要外部激励因素的配合，对顾客参与创新行为进行有效的激励是企业促进顾客参与创新的重要保证。

在产品或服务的生产和传递过程中，促进和推动顾客参与创新的因素有很多。顾客参与处于一定的外部环境中，来自外部环境的激励有利于促进顾客参与创新行为的产生。现有的大部分文献对顾客参与的研究主要集中在顾客参与行为、顾客参与结果、如何选择参与的顾客等方面。但是，从以往营销学理论的视角看，顾客没有理由也没有义务进行企业服务创新活动，顾客的身份就是使用企业已经开发、生产出来的产品以及享受由企业提供的服务，而创造新产品、创新服务的责任和义务都应归于企业。那么，顾客为什么愿意进行产品或者服务创新？顾客参与创新的动机是如何形成的？企业又该如何激励顾客参与创新行为？如何在心理学理论基础之上清楚地回答以上问题，明晰顾客参与创新行为的产生机理，一直是众多学者所困惑的问题之一。

国内外相关研究中，大部分研究学者将顾客参与创新的激励问题分为外部层面和内部层面两部分进行研究。顾客参与创新作为一种创造行为，激励对顾客参与创新行为影响的最早研究来源于行为主义学派，认为顾客参与创新行为处于一定的创新网络之中，其行为的产生受到创新网络焦点（企业）的激励。也就是说，企业通过强化产生来自外部的创造驱动力（顾客激励的外部层面）。在顾客参与的外部激励因素研究方面，学者们从多方面进行了探讨，同时取得不少研究成果。Slipakit 等（1985）研究了情境因素和服务特征两个方面对顾客参与创新的影响，其中，服务特征指的是定制化水平、服务的便利性和参与后成本的削减等。此处的"参与后成本的削减"是制造企业实施的外部层面的顾客激励因素中物质奖励的一种典型代表。Grewal 等（2001）以电子商务为样本书组织顾客参与的前因变量，认为对于组织顾客的参与行为主要取决于其自身的动机和能力，这里所提到的参与动机与本书研究的顾客参与行为的外部层面的顾客激励因素相对应。Lloyd（2003）对顾客参与的前因变量展开了研究，认为获得心理满足是内部激励的一个重要方面，控制感是获得心理满足的重要来源。在其研究中还指出顾客参与的一个重要原因是享受合作生产的过程（例如：学习新技术、提前使用新产品、提前享受新服务等）。也有学者研究了员工激励和服务创新绩效之间的关系，例如，Bowen 和 Ford（2002）分析了顾客参与对企业服务绩效和员工压力产生的影响，认为这种影响可能是负面的：第一，由于顾客并十分了解企业的生产服务过程，企业会投入大量的财力、物力和人力使顾客更加清楚自己在企业服务创新活动中所承担的任务，从而更好地胜任积极的角色，那么这些人、财、物的投入会给企业额外增加成本，若入不敷出，就会导致服务创新绩效的降低；第二，顾客参与程度越高，越会给员工带来更多的工作压力或者其他压力，从而对员工的工作积极性造成负面影响。

另外一些研究学者指出，在企业服务创新活动中，顾客参与使企业和顾客之间的交流互动增多，对双方关系的发展产生促进作用。Bolton（2004）以及王永贵等（2011）指出，在顾客参与创新的过程中，可以运用自身的信息和知识，积极、主动地参与价值的共同创造和交付。

同时，顾客参与创新行为除了受到外部激励因素的影响之外，与顾客的内在特质（内部激励因素）也有着必然的联系。近年来，国内外许多学者从不同的角度对内部激励因素和顾客参与的关系进行了探讨。Lovelock（1983）的研究说明，顾客是否愿意参与服务过程会受到其内部激励因素的影响。同样，除了顾客自身的兴趣爱好，有的学者从控制感、心理需求等方面对顾客参与展开了研究。如 Bateson（1985）研究指出，顾客参与创新除了受到物质奖励和互惠关系等外部层面的顾客激励的促进之外，还受到内部层面顾客激励因素的影响，其中顾客对所需时间的感知及控制感的感知是构成内部层面的顾客激励的两个重要方面。Silpakit 和 Fisk（1985）对内部层面的顾客因素展开了研究，认为顾客的心理需求、感知风险、社会角色等是构成内部层面顾客激励的主要方面。Rodie

（2000）认为，顾客内在层面的感受包括顾客体验、控制感和自我实现感等方面，这些因素对顾客参与创新产生积极的影响。将内部层面的顾客激励因素与外部层面的顾客激励因素相结合，是提高顾客参与创新积极性的有效手段。

3.1.2　顾客参与和服务创新绩效的关系

1983 年，Mills 等明确提出了顾客参与的概念。秉承顾客参与的经济学意义，研究学者将顾客视为企业的"半个员工"，顾客以这种身份介入企业服务创新过程可以提高服务创新绩效。Lovelock 和 Young（1979）从营销的角度考虑顾客参与对企业服务创新绩效的影响，研究美国服务创新成功企业案例的基础上，找到他们之间的共同点：将顾客视为企业内部员工，并激励顾客和企业员工一起参与到服务生产和服务创新的过程中，进而提高企业的服务创新绩效。

随后，不少国外学者针对顾客参与对企业服务创新绩效的影响进行了探讨。随着研究的不断深入，学者们开始关注顾客参与和服务创新绩效两者之间的关系。大部分研究成果表明，顾客参与将有利于提升企业的服务创新绩效。Mills 等（1983）认为，参与企业创新的顾客作为企业的"兼职员工"，其行为本身是一种"合作生产"的行为，和企业的其他员工一样为企业的服务创新付出了努力、时间、精力等资源。Bowen（1986）、Mills 和 Morris（1986）等学者的研究认为，在顾客参与企业服务创新的情况下，可以降低服务过程所需的时间和企业的劳动成本，进一步改善企业的服务创新绩效。Jones（1990）指出，顾客自助选择和自我服务将有助于提高企业的绩效。Horstmann 和 Macdonald（1994）认为，顾客参与的程度会影响甚至改变顾客使用产品和服务之前的心理预期，顾客投入大量的时间、精力等资源参与企业的服务生产和传递过程，在此过程中，顾客之前对产品或服务的期望可能会发生改变，满意度得到提高，从而提升企业的服务创新绩效。同样，Brond（1997）认为，在服务创新的过程中，企业可以通过顾客参与来获取顾客需求，弥补自身的服务缺陷，从而提高企业的服务质量，进而提升企业的服务创新绩效。

近年来，国内外的许多学者从不同角度对制造业领域的顾客参与企业创新展开了探讨研究。Herstatt 和 Hippel（1992）、Luthjet 和 Christian（2000）分别以管束设备、户外运动器械领域为样本，对顾客参与创新进行了探讨。Luteberget（2005）以具备较强创新能力的领先顾客作为研究对象，指出领先顾客参与创新的行为往往更有利于提升企业的绩效水平，原因在于领先顾客对专业知识和专业技术的熟练掌握度。Eric Fang（2008）以制造业为背景，以组织顾客为调研样本，实证研究了组织顾客参与行为，指出顾客参与可以通过影响产品创新和新产品上市速度来对企业创新绩效产生影响，顾客依赖程度在上述影响关系中发挥调节作用，即顾客参与创新对新产品开发产生正面影响发生在顾客依赖程度较高的时候，相反则产生负面影响。国内学者张文敏（2010）以制造业的顾客为研究对象，研究了顾客参与行为对企业服务创新绩效的影响，研究结果表明，以顾客体验为基础的顾客参与能显著提升企业的服务创新绩效。Harald（2005）认为，在顾客参与创新的过程中，顾客需要的知识、关于顾客的知识和顾客拥有的知识是顾客知识的三种形式，如何识别和有效管理顾客知识是企业面临的关键问题。进一步地，Heather（2005）在研究顾客知识管理的基础之上，给出顾客知识还应包括创新过程中与他人共同创造的知识。

不少学者也将顾客参与视为中介变量来考虑企业创新绩效的提升问题。张若勇等（2007）研究指出，顾客与企业之间的互动会影响企业的服务创新绩效，实证研究了顾客参与的三个维度：合作生产、顾客接触与服务定制，通过顾客知识转移的中介作用，正向影响企业的服务创新绩效。邓丰田（2011）从顾客知识获取的角度出发，研究了顾客参与和创新绩效之间的关系，实证结果证明了顾客知识获取在两者之间的中介作用。此外，卢俊义和王永贵（2011）以知识转移为中介机制，构建了顾客参与服务创新和创新绩效之间的概念模型。

综合国内外的相关研究,虽然关于顾客参与和服务创新绩效之间关系的实证研究很多,但仍然具有以下缺陷:第一,大多数研究都是从单一维度出发,从顾客参与—企业服务创新绩效来探讨企业服务创新绩效的提升问题,现有研究中顾客参与的维度大多数从参与阶段、参与程度等方面划分,但顾客参与的关键是获得顾客知识,现有研究并没有从顾客知识转移层面多层次展开顾客参与的维度;第二,在现有研究所构建的模型中,大多数将顾客参与视为研究的中介变量,而实际上,在知识转移层面顾客参与更多的应该是作为中介变量,特别是在进行顾客激励、顾客参与和服务创新绩效之间的影响关系时,应该起到了中介作用。鉴于上述现有研究的缺陷,本书拟从"观念共识—知识共享—知识共创"这一完整路径来划分顾客参与的维度,并将顾客参与视为中介变量来研究顾客激励、顾客参与和服务创新绩效之间的影响关系。具体来说,本部分尝试构建一个顾客激励、顾客参与和服务创新绩效的概念模型,通过实地调研数据、构建模型探讨三者之间的关系。

3.1.3　概念模型的构建

在上述理论与文献分析的基础之上,我们可知,服务型制造企业顾客激励会对企业的服务创新绩效产生影响;并且,顾客激励会对顾客参与产生影响,顾客参与也会对服务创新绩效产生影响;同时,顾客参与在顾客激励和服务创新绩效之间关系中充当着桥梁的作用。因此,可以得出顾客激励、顾客参与和服务创新绩效的概念模型,如图 3-1 所示。

图 3-1　顾客激励、顾客参与和服务创新绩效之间的概念模型

进一步地,可以将图 3-1 概念模型中的研究变量具体化,绘制出各

研究变量影响路径详细概念模型，如图 3-2 所示，从而直观显示研究关系的位置。

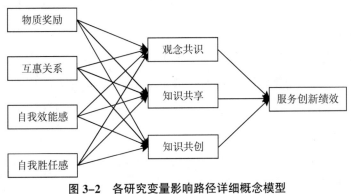

图 3-2　各研究变量影响路径详细概念模型

3.2　研究假设的提出

3.2.1　顾客激励和服务创新绩效的研究假设

从服务型制造企业的创新实践角度出发，服务创新活动对服务型制造企业会产生多方面的效果，其中，服务创新绩效是衡量企业服务创新活动的关键要素之一。顾名思义，服务创新绩效指的是服务型创新企业通过给顾客提供服务从而产生的创新绩效，或者企业通过服务创新带来的绩效。国内外既有文献鲜有关于顾客激励和服务创新绩效之间关系的系统研究，大多为泛泛的实践争论和定性概括。综合已有研究来看，顾客激励的发展开始受到国内外政策制定者与学术界的广泛关注，相当一部分学者研究了顾客激励对企业绩效的影响，如 Cooper（1999）认为，具备明显的奖励结果、注重短期绩效是技术创新的战略必要条件。在前者的研究基础上，Lee 和 Miller（2001）做出了进一步的研究，认为基于绩效的报酬意味着企业对参与创新者的承诺，激励创新便能显著提高企业的创新收益。王龙伟等（2003）实证研究了关系激励管理对供求企业绩效的影响，结果表明，激励型管理方式对采购企业的绩效具有正向影响，对供应商绩效也存在显著的正向影响。在强调报酬系统对企业绩效影响的重要作用的同时，Park 等（2003）研究指出，除了报酬系统等外部激励，企业的创新绩效还受到参与创新者态度和行为的影响。前文所说的"参与创新者态度和行为"也就是本书所提出的内部层面的顾客激励因素。李伟铭等（2008）利用结构方程模型检验了政府技术创新政策、组织激励和创新绩效之间的相互关系，研究结果表明，顾客激励对创新绩效有显著的正向影响。白鸥等（2015）从关系的角度研究了服务创新网络，实证研究结果表明，关系治理有助于服务创新，并且知识获取在两者的关系之间充当中介作用。还有一些学者研究了企业管理人员的激励（如薪酬激励、股权激励等）对企业绩效的影响，通过定性或者定量的研究证明，高管激励对企业绩效也有积极影响。

基于上述分析，本书提出如下假设：

假设 1：物质激励对企业的服务创新绩效具有正向影响。

假设 2：互惠关系对企业的服务创新绩效具有正向影响。

假设 3：顾客的自我效能感对企业的服务创新绩效具有正向影响。

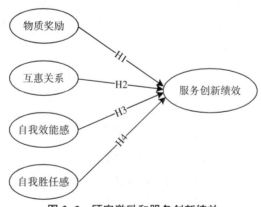

图 3-3　顾客激励和服务创新绩效

假设4：顾客的自我胜任感对企业的服务创新绩效具有正向影响。

3.2.2 顾客激励和顾客参与的研究假设

Von Hippel（1988）研究了顾客参与企业创新的动力来源，指出企业可以通过一定的激励，让顾客有动力参与企业的创新活动。徐岚（2007）研究证实，企业的创新激励对消费者的创新意愿具有显著影响。

3.2.2.1 物质奖励、互惠关系与观念共识

近年来，许多制造企业通过"互动诊断"的方式来"觉察"自己的问题所在，使企业的创新意识保持在同领域的前端。同样，还有一些企业通过"互动诊断"或者"考察交流"的方式使顾客参与企业创新的意识"觉醒"，从而使顾客与企业达成创新观念的共识。比如，凯瑞重工之前把创新理解为企业内部自己的技术或产品的创新，与顾客无关，而今，通过"互动诊断"的方式"觉察"到自己的问题所在，鼓励并激励顾客参与到企业的创新中来。那么，顾客激励和顾客参与之间的关系是怎样的呢？企业常用的激励手段与顾客和企业创新观念共识有什么联系呢？许多国内外学者针对上述问题展开了研究。Fishbein 和 Ajzen（1975）研究指出，外界影响因素可以通过作用于个体的主观规范从而影响个体的行为意愿。这一观点为外部层面的顾客激励因素可以影响顾客参与创新观念的产生提供了理论依据。这里的外界因素可以理解为外部层面的顾客激励因素，个体的行为意愿可以理解为顾客参与创新观念的产生。只有顾客产生参与创新的意愿，与企业的创新观念达成共识，才能促使顾客参与创新行为的发生。Bartol 和 Srivastava（2002）认为，企业在与顾客沟通时，必须搭配一定的物质奖励才能促使顾客创新观念的产生。Chua（2003）认为，企业必须给顾客足够的利益或者报酬，才能促使顾客参与创新。同样，物质奖励与创新观念共识之间的关系也引起了国内相关学者的关注。金辉（2014）指出，物质激励与知识共享的主观规范呈正相关关系。有些时候，在没有外部激励因素的情况下，顾客也会产生创新

的想法，然而，此时的想法该与谁分享，无从得知。因此，这种情况下，物质激励可以有效地促进顾客参与企业自身的创新活动。

由于顾客参与企业创新后所带来的绩效具有不确定性，企业有时也无法拿出合适的红利或者相应的折扣等物质奖励来回报顾客。在这种情况下，顾客与企业之间的互惠关系在顾客是否参与创新中起到关键作用。顾客和企业互惠关系的建立，有助于提高两者之间的互惠期望，从而有助于形成顾客参与创新的观念意识，进而与企业达成创新观念共识，致力于共同完成创新结果。

基于上述分析，本书提出如下假设：

假设 5：物质奖励可以有效促进顾客和企业创新观念共识的达成。

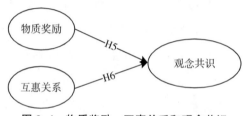

图 3-4　物质奖励、互惠关系和观念共识

假设 6：互惠关系可以有效促进顾客与企业创新观念共识的达成。

3.2.2.2　物质奖励与知识共享、知识共创

物质奖励指的是为了使得顾客产生企业期望的行为所实施的物质手段，包括分红、相应的折扣、优先使用产品等形式。物质奖励是企业常用的激励手段之一。对于知识的传递和共享，需要相应的组织机构与之配套，对于物质奖励和知识共享之间的关系一直是学者们讨论的热点问题（李晓方，2015）。国内外许多学者研究并通过了实证方法论证物质奖励对激励顾客知识共享的重要影响，认为企业应采取恰当的物质激励来促进员工或者顾客参与创新过程中知识共享行为的产生。例如，Luthje（2004）的研究表明，财务方面的激励是促使顾客参与创新的重要因素之一。Kankanhalli 等（2005）进一步研究了中国情境下的知识共享行为，认

为物质奖励对知识共享有着显著的正向影响。金辉（2014）研究了顾客激励与知识共享意愿之间的关系，实证结果表明，期望的物质奖励对知识共享意愿有积极的影响。以上国内外学者的研究成果符合经济学派的"知识共享完全可以类似于商品交换"的观点（谢荷锋，2014）。

然而，有些学者持相反观点，指出物质奖励可能会对顾客知识共享行为产生消极影响（Bock & Kim，2002；Lin，2007；Quigley et al.，2007）。Kelman（1958）指出，在物质奖励的生效过程中能保证顾客的暂时性服从，也就是说，企业期望的顾客参与创新行为会随着物质奖励的消失而消失。Bock 和 Kim（2002）指出，期望的物质奖励与知识共享行为之间存在负相关关系。之后，通过对多家企业的调研研究，Bock 等（2005）实证研究结果表明，预期的物质奖励与知识共享行为呈显著的负相关。

鉴于现有研究关于物质奖励对知识共享行为影响观点的不统一，本书将重新审视物质奖励对顾客与企业之间知识共享行为的影响关系和作用机理。物质激励作为一种典型的外部层面的顾客激励因素，之所以会生效是因为顾客对共享知识之后所得到期望预期，并且认为共享的知识对企业越有用其获得的物质奖励越多。因此，企业的物质奖励可以暗示顾客对共享行为的重视程度，并且可以认为是企业对顾客行为的一种无形的外在控制。顾客相信与企业共享知识会得到预期的物质奖励，那么顾客便会积极、主动地分享企业创新所需的知识。

另外，如果顾客在使用产品或者服务的过程中，有意识地对其进行改善或者向企业提供建议，那么这时的知识创造可以视为顾客主动知识共创的过程；如果是利用远程监控等手段获取顾客需求的知识，这个过程中顾客是无意识的，那么这个过程可以视为顾客被动知识共创的过程。所以说，知识共创行为发生在顾客使用产品或服务时有意识或无意识地对产品或者服务进行解释的过程中。顾客和企业之间知识共创行为的产生，在一定程度上是靠物质奖励实现的。激励现有的或者潜在的顾客来参与企业创新，使企业由原有的独立自主的创新方式转变为共同创造创新所需要的知识，将顾客和企业联合起来应对知识需求所面临的挑战，降低企业创新失败的风险，从而可以有效地提高服务创新绩效。物质奖励可以看作顾客与企业知识共创活动的"催化剂"，使得顾客愿意并能够付出努力参与到企业共同创造的活动中。

基于上述分析，本书提出如下假设：

假设7：物质奖励对企业和顾客之间的知识共享具有显著的正向影响。

假设8：物质奖励对企业和顾客之间的知识共创具有显著的正向影响。

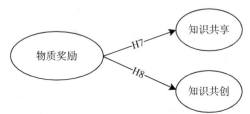

图3-5　物质奖励和知识共享、知识共创

3.2.2.3　互惠关系与知识共享、知识共创

根据Gibbons（2005）的分类，企业除了正式的以合理的金钱支付形式为基础的激励合约外，还存在着关系激励。国内外许多学者研究了企业成员关系与知识共享之间的作用机理，研究成果较为丰硕。国外学者Szulanski（1996）研究了企业员工相互之间的关系对企业知识管理的影响，指出知识管理的成功依赖于企业员工相互之间的人际交往程度以及关系质量的感知。这主要是因为友好和谐的关系能够减少员工相互之间的竞争，并且增加相互之间共享关键信息的意愿。Sveiby（2001）、Nawaz和Gomes（2014）等学者进一步研究表明，团队友好的关系氛围有利于知识共享活动的产生。此外，Arnaud和Schminke（2012）研究则更进一步，他们认为只有成员之间没有破坏性的人际冲突时才能形成内聚力，进而促进知识共享。国内学者谢荷锋和马庆国（2007）指出，友好的关系氛围正向影响企业内员工之间非正式知识共享，并且效果显著。李永周等

（2013）则强调，企业员工的密切联系有利于知识转移和共享创造。白鸥等（2015）在研究关系治理、知识获取和服务创新之间关系的基础之上，提出在服务创新的情景下，关系治理有助于知识获取。

Granovetter（2009）将关系嵌入分为强联结和弱联结，形成了强联结优势理论和弱联结优势理论。Jarillo（1988）和Ahuja（2000）在Granovetter研究的基础上，进一步指出，关系强度可以弱变强，可以直接或间接影响企业的创新绩效。企业无法把握顾客隐性知识的共享程度，但一定的互惠关系可以显著促进顾客与企业之间知识共创行为的发生。互惠关系可以看作顾客与企业知识共创活动的"黏合剂"，意味着顾客"不能也不必孤立地做事"。知识共创包括内部嵌入型知识共创和外部联合型知识共创。对于内部嵌入型知识共创，互惠关系越弱越有利于异质性知识的获取，以及保证所获得知识的多样性；对于外部联合型知识共创，互惠关系越强越有利于提高隐性知识的传递，从而促进该种方式下的知识共创行为的产生。

基于此，本书提出以下假设：

假设9：互惠关系对企业和顾客之间的知识共享具有显著的正向影响。

假设10：互惠关系对企业和顾客之间的知识共创具有显著的正向影响。

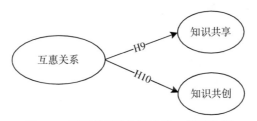

图3-6　互惠关系和知识共享、知识共创

除外部层面的顾客激励因素之外，内部层面的顾客激励因素也会促进顾客参与创新行为的发生，它起着与外部层面的顾客激励因素同等重要的作用。贾薇等（2011）研究指出，顾客与企业之间进行有效的信息沟通对顾客参与行为的产生具有促进作用。蔡晓（2013）认为，顾客参与创新具备的首要条件是：追求合理的强烈愿望，顾客通过参与创新，满足自身创造力的释放和体现顾客的自主意识，也就是顾客自身内部层面的激励因素。

3.2.2.4 自我效能感、自我胜任感与观念共识

与上述提出的外部层面的顾客激励因素（物质奖励和互惠关系）与顾客参与的观念共识的影响关系类似，内部层面的顾客激励因素（自我效能感和自我胜任感）同样影响着顾客参与创新和企业创新观念的共识。Fishbein 和 Ajzen（1975）研究指出，内部影响因素可以通过作用于个体的行为态度从而影响个体的行为意愿。这一观点为内部层面的顾客激励因素可以影响顾客参与创新观念的产生提供了理论依据。在顾客参与创新领域，少数学者对自我效能感、自我胜任感与观念共识之间的关系展开了定性或者定量的研究，认为自我效能感和自我胜任感较高的顾客对自己将要产生的创新行为充满信心，更能有效地促进顾客与企业创新观念的共识。Smith（1981）等在研究内部激励因素的条件下，指出个体在帮助他人的过程中，把得到他人认可作为自身的一种享受。Swann 和 Schroeder（1995）认为，顾客在不预期得到任何形式物质奖励的情况下，许多顾客产生参与企业创新的意识，是想通过参与创新得到企业的认同，让顾客产生自我胜任感，让顾客觉得自己有能力帮助企业创新。从知识创造的角度，Eriksson（2000）提出，人们通过认知和行为两个方面对知识进行共享，同时也创造出新知识。Quigley 等（2007）认为，自我效能感越高，越有助于顾客积极创新态度的产生。基于上述分析，本书提出如下假设：

假设 11：顾客的自我效能感可以有效促进顾客与企业创新观念共识的产生。

假设 12：顾客的自我胜任感可以有效促进顾客与企业创新观念共识的产生。

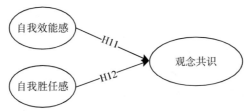

图 3-7 自我效能感、自我胜任感与观念共识

3.2.2.5 自我效能感与知识共享、知识共创

顾客的自我效能感被界定为顾客对参与企业创新行为能力的评判。顾客对自身的评判会影响其参与企业创新的行为。具体而言，自我效能感越高的顾客，对参与企业创新的行为信心越大，从而更加积极地参与企业创新；反之，自我效能感低的顾客由于对自己的能力不自信，从而对参与企业创新表现出消极的一面。

国内外学者对于自我效能感与知识共享之间的关系进行了许多定性或者定量的研究，研究发现自我效能有利于促进顾客与企业之间知识共享行为的发生。Heslin 和 Klehe（2006）认为，自我效能感可以很好地预测顾客创新行为。有些学者进一步研究证明，自我效能感较高的顾客具有较强的自信心，认为自己将要共享的知识对企业创新有重要作用，并且分享的知识复杂性越强，其自信心越强（Bock et al.，2005；Quigley et al.，2007），越有助于知识共享行为的发生。高度的自我效能感，有助于顾客相信自身的知识可以为企业解决所面临的难题，进而更加积极地给企业共享自身知识。也有学者认为，顾客自我效能感和知识共享行为的发生是一种相互促进的关系。顾客通过知识共享，通过企业给予的评价，确定自身知识的有用性，从而增强自身的自我效能感（Constant et al.，1996）。国内学者谢荷锋和刘超（2014）以自我效能感作为内部激励的一个维度，研究了企业员工知识共享的激励机制，指出员工的自我效能感可以认为是员工知识共享活动的价值认知，并且员工的自我效能感对员工的知识共享意愿具有正向促进作用。

本书认为，顾客的自我效能感是顾客与企业知识共享关键性的内部层面顾客激励因素之一，顾客在与企业共享知识的同时也会不断提升自我效能感，并且如果企业对其共享的知识予以肯定或者应用到企业的创新实践中时，更加增强顾客知识共享行为发生的频率。

顾客与企业之间的知识共创，除了外部层面的顾客激励因素（物质激励和互惠关系）会对其产生影响之外，还要关注内部层面的顾客激励因素。企业在给予顾客恰当的外部激励因素的同时，需要明确顾客自身的内部激励因素是什么。顾客的外部激励因素会在知识共创的内部激励因素的基础上发挥更大的作用。Bateson（1985）研究指出，顾客参与创新除了受到物质奖励和互惠关系等外部层面的顾客激励的促进之外，还受到内部层面顾客激励因素的影响，其中顾客对所需时间的感知及控制感的感知是构成内部层面的顾客激励的两个重要方面。Silpakit 和 Fisk（1985）对内部层面的顾客激励因素展开了研究，认为顾客的心理需求、感知风险、社会角色等是构成内部层面顾客激励的主要方面。Rodie（2000）研究了顾客内在层面的感受对顾客参与创新的影响关系，认为顾客内在层面的感受包括顾客体验、控制感和自我实现感等方面，这些因素对顾客参与创新产生积极的影响。Lloyd 和 King（2003）对顾客参与的前因变量展开了研究，表明减少风险、获得心理满足能够影响顾客参与。其中，获得心理满足是内部层面的顾客激励的一个重要方面。在其研究中还指出，顾客参与的一个重要原因就是享受合作生产的过程（例如学习新技术、提前使用新产品、提前享受新服务等）。当顾客对自身的能力更加自信时，顾客的自我效能感越高，越能更好地与企业共同创造知识。因此，自我效能感一直被认为是影响顾客与企业知识共创的关键因素（Cabrera et al.，2006），越是相信有能力为企业知识共创做出贡献的顾客越能表现出知识共创的意愿。

基于此，本书给出如下假设：

假设13：自我效能感对企业和顾客之间的知识共享具有显著的正向

影响。

假设 14：自我效能感对企业和顾客之间的知识共创具有显著的正向
影响。

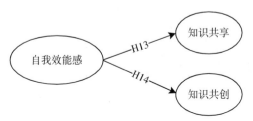

图 3-8　自我效能感与知识共享、知识共创

3.2.2.6　自我胜任感与知识共享、知识共创

David 等（1994）通过实验研究指出个体共享知识，是因为能够得到
某些利益，这些利益有时也许只是一个微笑而已。Organ 等（1995）对组
织公民的行为进行了研究，指出自我胜任感对角色外行为具有正向影响。
知识共享作为角色外行为的一种，自我胜任感对其也具有正向预测作用。
杜鸿儒等（2006）进一步指出，自我胜任感对员工的工作态度和行为有
显著的正向影响。Cabrera 和 Collins（2006）认为，自我胜任感与知识共
享或知识共创行为有密切的关系，并且建议引入自我胜任感对员工的知
识共享或知识共创行为进行更深一步的研究。Liao（2004）以台湾企业为
调查样本，通过实证分析方法得出，当员工感知到自己的行为得到企业
认同时，员工更愿意自愿并无条件地共享他们的知识。在 Liao 研究的基
础上，William 和 Peter（2008）研究证实了自我胜任感对知识共享行为的
频率有显著的正向影响。何会涛和彭纪生（2008）研究了自我胜任感与
员工知识共享方式之间的关系，认为自我胜任感可以正向促进员工与其
他成员的合作与共享。顾客作为企业特殊的"员工"，自我胜任感对其起
着同样的作用。伴随着何会涛等（2008）的研究思路，本书认为顾客出
于对自我胜任感的感知，即使与企业的关系不密切，也能主动参与到企
业的知识共创活动中，至少也会共享自己的知识。自我胜任感是建立在

互惠关系基础之上的，让顾客感受到企业的帮助，觉得自己有义务参与到企业创新活动中去，帮助企业获得或者创造创新所需要的知识；另外，自我胜任感可以满足顾客的社会情绪，让顾客觉得自己得到尊重、认可，可以促进企业和顾客共同创造知识，也就是说，自我胜任感对知识共享或者知识共创的影响，其实是一个心理过程。

基于此，本书给出如下假设：

假设 15：顾客的自我胜任感对企业和顾客之间的知识共享具有显著的正向影响。

假设 16：顾客的自我胜任感对企业和顾客之间的知识共创具有显著的正向影响。

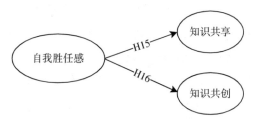

图 3-9　自我胜任感与知识共享、知识共创

3.2.3　顾客参与和服务创新绩效的研究假设

在企业的服务创新过程中，顾客会影响其服务创新结果，并且有利于改善和提升企业创新绩效。国内外学者对顾客参与创新和企业服务创新绩效的关系展开了丰富细致的研究，大多数学者研究认为，顾客参与创新有利于企业服务创新绩效的提高。例如，Heide（1994）研究认为，企业不可能拥有满足自身创新需要的所有知识，要想保持竞争优势，就需要不断地从外界获取知识。Kessler 和 Chakrabarti（1996）指出，顾客的显性知识共享行为有助于降低产品的研发成本，从而提高产品的创新速度，达到提高绩效的目的。Gruner 等（2000）通过实证方法研究了新产品开发的不同阶段顾客互动程度和参与顾客的特征与企业创新绩效之间

的关系，论证了在新产品开发的某一特定阶段，顾客参与对新产品开发成功有一定的促进作用。Keegan 和 Turner（2001）认为，通过增强顾客参与程度可以推动创新。Olaon（2001）研究指出，顾客参与能有效提高新产品开发成功率，其中，信息与知识共享是新产品开发成功的关键要素。Kristensson 等（2002）研究指出，顾客和企业之间的互动将有利于企业创新能力的提升，并且在产品创新过程中顾客参与会给企业带来额外的收获，并将新服务绩效分为可操作性维度和市场维度两个维度，实证研究表明，顾客参与对新服务绩效的可操作性维度有正向的促进作用，并且通过可操作性维度对市场维度产生影响。Akasaka（2012）等认为，企业给顾客提供的各种服务，其本质属性是不同成员知识的整合与结晶，知识的增强有利于对服务提供的设计和传递。为了给顾客提供定制化和对环境产生最小影响的绿色服务，需要对自身企业知识进行管理，从知识获取、存储、检索到共享管理，增强企业服务提供的能力。Chirumalla（2013）指出，对于拥有不同服务供应个体的集成商来说，知识优势是其区别不同供应商的关键特征之一，但是集成商仍然需要构建属于自己的内外部知识网络，通过知识的共享来创新服务提供的模式。

近年来，国内学者也展开了顾客参与创新和服务创新绩效的关系研究。例如，程东全等（2011）认为，知识管理是服务型制造企业之间竞争的核心要素和资源，是企业形成竞争优势的关键，更是为顾客提供优质服务的基础。简兆权等（2013）研究了社会资本、知识管理和服务创新绩效三者间的关系，研究结果表明，知识管理对服务创新绩效有显著的正向影响。游达明等（2015）构建了供应商和顾客参与的创新模式选择博弈模型，认为无论企业选择突破性创新模式还是渐进性创新模式，顾客参与会提升企业技术创新收益。袁平、刘艳彬和李兴森（2015）认为，顾客参与创新对企业的创新绩效具有显著的正向影响。但是，有的学者认为顾客参与创新对创新绩效的影响并非都是积极的，在创新速度和创新程度之间存在一个权衡机制（张童，2013）。在企业服务创新的过程中，顾客和企业首先形成参与创新的共识，从而在参与创新的过程中实现知识共享，在相互交流的过程中共同创造所需知识，进而提升企业的服务创新绩效。

基于上述分析，本书提出如下假设：

假设17：顾客与企业之间的观念共识对企业的服务创新绩效具有积极影响。

假设18：顾客与企业之间的知识共享对企业的服务创新绩效具有积极影响。

假设19：顾客与企业之间的知识共创对企业的服务创新绩效具有积极影响。

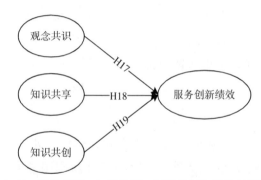

图3-10　观念共识、知识共享、知识共创和服务创新绩效

3.2.4　顾客参与的中介作用

国内外相关研究领域的少数学者描述了顾客参与创新在顾客激励和服务创新绩效之间的中介作用，大部分是定性阐述，定量实证研究得不多。服务创新来源于知识的积累，企业采用各种激励策略来诱导顾客参与企业的创新活动，企业与顾客之间的协作与交流能激发新的构思和独创性的想法，企业通过获取顾客共享或者与顾客共创的知识后，对其进行消化吸收后，产生新的服务，从而使企业的服务创新绩效得到提升。Han 等（1998）研究了市场导向、创新方式和创新绩效之间的关系，指

出市场导向会通过创新方式对创新绩效产生影响。袁平等（2015）在研究互动导向、顾客参与创新和创新绩效之间的关系时指出，顾客参与创新在互动导向和创新绩效之间存在显著的中介效应。郭婧等（2015）研究了知识共享在外部激励和个人创造力之间的中介效应，实证结果表明，外部激励通过知识共享对个人创造力行为有显著的正向影响。白鸥等（2015）研究了知识获取在关系治理和服务创新之间的中介效应，实证结果表明，关系治理通过知识获取对服务创新有显著的正向影响。

基于上述分析，本书提出如下假设：

假设 H20a：物质奖励将促进顾客创新观念共识，并最终提升企业的服务创新绩效。

假设 H20b：互惠关系将促进顾客创新观念共识，并最终提升企业的服务创新绩效。

假设 H20c：自我效能感将促进顾客创新观念共识，并最终提升企业的服务创新绩效。

假设 H20d：自我胜任感将促进顾客创新观念共识，并最终提升企业的服务创新绩效。

假设 H21a：物质奖励将促进顾客知识共享，并最终提升企业的服务创新绩效。

假设 H21b：互惠关系将促进顾客知识共享，并最终提升企业的服务创新绩效。

假设 H21c：自我效能感将促进顾客知识共享，并最终提升企业的服务创新绩效。

假设 H21d：自我胜任感将促进顾客知识共享，并最终提升企业的服务创新绩效。

假设 H22a：物质奖励将促进顾客知识共创，并最终提升企业的服务创新绩效。

假设 H22b：互惠关系将促进顾客知识共创，并最终提升企业的服务创新绩效。

假设 H22c：自我效能感将促进顾客知识共创，并最终提升企业的服务创新绩效。

假设 H22d：自我胜任感将促进顾客知识共创，并最终提升企业的服务创新绩效。

3.3 研究假设汇总

在图 3-1 概念模型和图 3-2 影响路径详细概念模型的基础之上，为了更清楚地理解本书想要研究的问题，本书将提出的所有研究假设与研究问题相对应，总结如表 3-1 所示。

表 3-1 研究假设汇总

研究问题	假设	假设内容
顾客激励对服务创新绩效的影响	H1	物质激励对企业的服务创新绩效具有正向影响
	H2	互惠关系对企业的服务创新绩效具有正向影响
	H3	顾客的自我效能感对企业的服务创新绩效具有正向影响
	H4	顾客的自我胜任感对企业的服务创新绩效具有正向影响
顾客激励对顾客参与的影响	H5	物质奖励可以有效促进顾客和企业创新观念共识的产生
	H6	互惠关系可以有效促进顾客和企业创新观念共识的产生
	H7	物质奖励对企业和顾客之间的知识共享具有显著的正向影响
	H8	物质奖励对企业和顾客之间的知识共创具有显著的正向影响
	H9	互惠关系对企业和顾客之间的知识共享具有显著的正向影响
	H10	互惠关系对企业和顾客之间的知识共创具有显著的正向影响
	H11	顾客的自我效能感可以有效促进顾客与企业创新观念共识的产生
	H12	顾客的自我胜任感可以有效促进顾客与企业创新观念共识的产生
	H13	顾客的自我效能感对企业和顾客之间的知识共享具有显著的正向影响

研究问题	假设	假设内容
顾客激励对顾客参与的影响	H14	顾客的自我效能感对企业和顾客之间的知识共创具有显著的正向影响
	H15	顾客的自我胜任感对企业和顾客之间的知识共创具有显著的正向影响
	H16	顾客的自我胜任感对企业和顾客之间的知识共创具有显著的正向影响
顾客参与对服务创新绩效的影响	H17	顾客与企业之间的创新观念共识对企业的服务创新绩效具有积极影响
	H18	顾客与企业之间的知识共享对企业的服务创新绩效具有积极影响
	H19	顾客与企业之间的知识共创对企业的服务创新绩效具有积极影响
顾客参与的中介作用	H20a	物质奖励将促进顾客创新观念共识，并最终提升企业的服务创新绩效
	H20b	互惠关系将促进顾客创新观念共识，并最终提升企业的服务创新绩效
	H20c	自我效能感将促进顾客创新观念共识，并最终提升企业的服务创新绩效
	H20d	自我胜任感将促进顾客创新观念共识，并最终提升企业的服务创新绩效
	H21a	物质奖励将促进顾客知识共享，并最终提升企业的服务创新绩效
	H21b	互惠关系将促进顾客知识共享，并最终提升企业的服务创新绩效
	H21c	自我效能感将促进顾客知识共享，并最终提升企业的服务创新绩效
	H21d	自我胜任感将促进顾客知识共享，并最终提升企业的服务创新绩效
	H22a	物质奖励将促进顾客知识共创，并最终提升企业的服务创新绩效
	H22b	互惠关系将促进顾客知识共创，并最终提升企业的服务创新绩效
	H22c	自我效能感将促进顾客知识共创，并最终提升企业的服务创新绩效
	H22d	自我胜任感将促进顾客知识共创，并最终提升企业的服务创新绩效

3.4　小结

本节在文献综述和理论分析的基础之上，结合激励理论、服务创新、知识管理等理论，围绕本书的研究目的和研究内容，构建了本书的基础概念模型（见图3-1）和各变量之间的影响路径（见图3-2）。

如图3-2所示：

（1）顾客激励是顾客参与和服务创新绩效的前置变量，具体变量有：物质奖励、互惠关系、自我效能感和自我胜任感。

（2）顾客参与为中介变量，具体变量为：观念共识、知识共享和知识共创。

（3）顾客激励会对企业的服务创新绩效产生影响。

（4）顾客激励可以有效促进顾客参与，顾客参与有助于提升企业的服务创新绩效，因此，顾客参与在顾客激励和服务创新绩效之间的关系中充当中介作用。

4
研究方法与设计

本书第 3 章提出了服务型制造企业顾客激励、顾客参与和服务创新绩效的概念模型。本章以该概念模型为基础，进一步对实证研究所涉及的研究方法的选择、研究步骤的设计、变量测量、问卷设计、数据采集以及数据分析方法进行说明，为后面的实证研究做好方法准备。

4.1 研究方法与研究步骤

由于本书涉及企业层面的研究，其中所涉及的顾客激励、顾客参与以及服务创新绩效等数据无法从企业公开的资料中获取定量的数据进行测量，因此，为了收集到所需要的数据，本书拟采用问卷调查法进行数据的获取。

问卷调查法凭借"高效性：省时、省力，以及所需经费都较少，但却能获得大量的资料""质量高：大样本容量保证了采集数据的质量""可操作性强：容易得到被调查企业及员工的支持"等优势，成为管理科学与工程领域定量研究中采用最频繁的一种基本方法。问卷设计的合理性是获得真实、有效数据的前提，是问卷调查法实施效果好坏的决定性因素。一份科学有效的调查问卷的形成、研究数据的收集要经过六个步骤（马庆国，2002；2004）：文献探讨、编制初始问卷、小规模访谈、前测调研、正式问卷的形成以及大规模发放、回收与数据采集，其流程如图 4-1 所示。

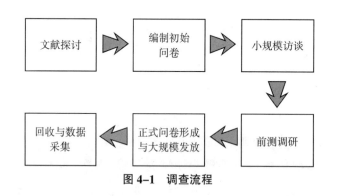

图 4-1　调查流程

为了保证本书调查问卷的真实有效性和研究结果的科学性，本书遵循上述研究步骤：

（1）文献探讨，确定变量测量的初始题项：国内外相关领域现有的成熟量表具有较高的信度和效度，可以提升数据分析的可靠性，因此，沿用国际上较为成熟的量表是大部分学者确立变量测量初始题项的普遍研究思路。本书通过阅读激励理论、顾客参与、服务创新相关领域大量的国内外研究文献，针对研究主题，筛选研究成果中较成熟的量表，初步确立最贴近本书变量测量的初始题项。

（2）编制初始问卷：在确立变量测量的初始题项之后，由于不同国度文化、语言等差异的存在，本书采用中英文对译"背对背"的方法，以此确保题项翻译的准确性（杨志蓉，2006；徐碧祥，2007）。首先，寻找五位管理学博士生（其中两位具有国外访学经历），针对顾客激励（物质奖励、互惠关系、自我效能感和自我胜任感）、顾客参与（观念共识、知识共享和知识共创）以及服务创新绩效这几个测量题项，由每一位管理学博士选取其所熟知的内容，将英文问卷翻译成中文，并以小组讨论的形式对翻译结果进行核对，确保翻译的准确性；其次，寻找另外 5 位英语专业的研究生，将上述中文问卷回译成英文；最后，将回译的英文问卷与英文原文中的问卷进行比对，确保翻译的中文问卷真实准确地呈现了英文问卷的含义，并在此基础上，结合对顾客激励（物质奖励、互惠关系、自我效能感和自我胜任感）、顾客参与（观念共识、知识共享和知识共创）以及服务创新绩效变量概念的界定，根据本书的实际情况对问卷进行相应的修改，形成初始调查问卷。

（3）小规模访谈：为了确保初始问卷题项在中国地区的适用性，本书就初始量表中概念和文化的适用性进行了小规模的访谈，访谈对象为服务创新领域的资深教授和企业的知识型员工，访谈结束后，对初始量表存在的问题进行调整，使问卷能够更加准确地表达文章所研究变量的真实内容，并形成了初始问卷的修订稿。

（4）前测调研：为了进一步检验问卷的可靠性和有效性，首先确定调研样本，进行前测调研。在前测调研工作的过程中要保持与被调查者的联系与沟通，反复深入听取被调查者关于问卷的合理化建议，对问卷进行修改。

（5）正式问卷的形成：对问卷预测试过程中获取的数据，运用统计学方法进行信度与效度的检测，根据前测结果对初始题项进行删减，对问卷做进一步的优化，并形成最终的正式问卷。

（6）正式问卷的大规模发放、回收与数据采集：首先，针对本书的调查对象大规模地发放正式问卷；其次，数据回收，对数据质量进行信度和效度分析；最后，运用 SPSS 统计方法、结构方程模型以及多层线性回归等数理统计方法对本书提出的研究假设和结构模型进行验证。

4.2　变量的测量题项

4.2.1　物质奖励的测量

企业的物质奖励能有效地激励顾客执行企业期望的行为，在服务型制造企业的服务创新领域，物质奖励指的是企业用于激励顾客参与服务创新行为，而给予的一系列回报，这些回报可以是红利、降低成本、优先使用产品等方面。

Bock 和 Kim（2002）在前人研究的基础之上，开发了一套物质奖励的测量量表，经过问卷的前测过程，对问卷进行修订和完善，最终由 4 个测量题项变为 3 个题项，其 Cronbach's α 值为 0.8276。随后，Bock 等（2005）在前期研究的基础上，进一步完善量表，最后将量表精简为 2 个题项，其 Cronbach's α 值也随之提升，变为 0.9280，表现出更好的内部一致性。Kankanhalli 等（2005）以 Davenport 和 Prusak（1998）及 Hargadon（1998）的研究为基础，设计了一套包含 5 个题项的物质奖励量表，其 Cronbach's α 值为 0.96，表现出较好的内部一致性。Lin（2007）开发了一套 4 个题项的量表，用来测量组织的物质奖励，其构建信度为 0.75。

综合以上研究，考虑到量表的信度系数以及题项的涵盖范围，本书拟采用与企业激励实践更为贴合的 Kankanhalli 等（2005）物质奖励量表，原因在于：第一，该测量量表的信度 Cronbach's α 值相对较高；第二，该测量量表基本能全面解释物质奖励的多方面内容。具体题项如表 4-1 所示。

表 4–1　物质奖励量表

题号	题目内容
WZJL1	向企业提供产品/服务知识，会增加我们得到一定分红或折扣的可能性
WZJL2	向企业提供产品/服务知识，希望企业给我们提供更多售后保障
WZJL3	向企业提供产品/服务知识，有利于我们更好地使用产品/服务

资料来源：Kankanhalli 等（2005）。

4.2.2　互惠关系的测量

在顾客参与企业服务创新的情境下，互惠关系指的是顾客在与企业共享或者共创知识后，与企业保持实时互动，建立良好的关系，期待未来自己需要的同时，企业能积极响应，满足顾客自身需求。

Kankanhalli 等（2005）研究知识共享的前因变量时，对互惠这一变量进行了衡量，衡量的侧重点在于日后他人对个体知识的回应，共包括 4 个题项，其 Cronbach's α 值为 0.85。Bock 等（2005）对知识共享行为中的互惠进行了量表开发，其量表包括 5 个题项，Cronbach's α 值为 0.919。Lin（2007）对组织顾客激励与个体知识共享意愿之间的关系进行了研究，探索了两者之间的作用机理，提出用 4 个测量题项来衡量互惠，其 Cronbach's α 值为 0.81，该量表主要侧重个体与他人合作的意识。

本书对互惠关系的测量拟采用 Book 等（2005）提出的测量量表，原因在于：第一，该测量量表的信度 Cronbach's α 值相对较高；第二，该测量量表基本能全面解释互惠关系的多方面内容，很好地刻画了顾客参与创新后可能给自己带来的各种良好关系。具体题项如表 4–2 所示。

表 4–2　互惠关系量表

题号	题目内容
HHGX1	向企业提供使用产品/服务时的知识，有助于增强我们和企业之间的关系
HHGX2	向企业提供使用产品/服务时的知识，一起解决使用产品/服务过程中的问题，有助于扩大我们和企业之间的联系范围
HHGX3	向企业提供使用产品/服务时的知识，一起解决使用产品/服务过程中的问题，有助于我们和企业更为融洽地合作

资料来源：Bock 等（2005）。

4.2.3 自我效能感的测量

根据认知评价理论，顾客的自我效能感指的是顾客在和制造企业沟通互动的过程中，表现出的渴望掌握新的产品技能、施展自身能力等特征。顾客的自我效能感主要来源于顾客内部对自我感知的需求。

Chwarzer 和 Born（1997）对一般自我效能感量表进行了开发，量表最初有 20 个题项，后来改进为 10 个题项，目前该量表被广泛使用。Bock 等（2005）研究了内生激励对知识共享的影响，对自我价值感知这一构念进行了度量，量表包括 5 个测量题项，其 Cronbach's α 值为 0.91。Spreitzer（1995）开发了通用自我效能的测量量表，包括 4 个测量题项，Kankanhalli 等（2005）借鉴其研究成果，研究了自我效能对知识共享的影响，其 Cronbach's α 值为 0.96。Lin（2007）基于以上研究，对自我效能感的测量量表进行了修订，侧重自我效能感对个体行为产生的判断，完善后的量表其 Cronbach's α 值为 0.86。

本书拟采用 Lin（2007）关于自我效能感的测量量表，原因在于：第一，该测量量表的 Cronbach's α 值相对较高，满足研究要求；第二，该测量量表基本能全面解释本书中顾客自我效能感的概念，满足要求。具体题项如表 4-3 所示。

表 4-3　自我效能感量表

题号	题目内容
ZWXNG1	我们自信能为企业提供他们认为有价值的知识
ZWXNG2	我们拥有为企业提供有价值知识的所需技能
ZWXNG3	企业采取我们的创新建议时，我们感到很自豪

资料来源：Lin（2007）。

4.2.4 自我胜任感的测量

根据组织行为理论，顾客的自我胜任感指的是顾客与企业进行熟练并且有效的互动所带来的感觉。顾客参与企业创新活动的自我胜任感源自成功完成创新活动的预期成就感和自豪感。

DAHL 等（2007）对自我胜任感的量表进行了开发，认为顾客的自我胜任感主要是通过参与者在创新体验过程中感受到的聪明、竞争力及天赋等来体现；王永贵（2011）借鉴 DAHL 等对自我胜任感的量表，共用 5 个测量题项来衡量自我胜任感，其 Cronbach's α 值为 0.891，可靠性满足要求。Kreiner 和 Ashforth（2004）针对自我胜任感进行了量表开发，共有 6 个测量题项，其 Cronbach's α 值为 0.92，可靠性满足要求。

因此，基于上述分析，借鉴了 Dahl 等（2007）的测量量表，对于自我胜任感，主要是通过参与者在创新体验过程中感受到的聪明、竞争力及天赋等体现，共有 3 个测量题项，具体题项如表 4-4 所示。

表 4-4　自我胜任感量表

题号	题目内容
ZWSRG1	我们提供/共享/共同创造的知识在企业的产品/服务中得到应用时，我们觉得很自豪
ZWSRG2	我们提供/共享/共同创造的知识使得企业的产品/服务中的问题得到解决时，我们觉得很有成就感
ZWSRG3	我们很享受通过提供/共享/共同创造知识来帮助企业进行产品/服务创新的过程

资料来源：Lin（2007）。

4.2.5　观念共识的测量

在顾客参与企业服务创新的情境下，观念共识指的是顾客对企业服务创新的参与意识，或者参与企业服务创新中共享或共创知识的意识、态度。

最早，Fishbein 和 Ajzen（1981）开发了个体一般理性行为态度的初始测量量表，包括 5 个测量题项，该量表被知识管理领域国内外学者广泛引用。随后，Morris 等（2005）在沿用 Fishbein 和 Ajzen 初始量表的基础之上，对该量表的题项内容进行了情境化改良，改良后的 Cronbach's α 值为 0.85。Bock 和 Kim（2002）在前人研究的基础之上，研究个体知识共享行为时对 Fishbein 和 Ajzen 的初始量表进行修订和完善，最终由 5 个测量题项变为 3 个题项，其 Cronbach's α 值为 0.8737。Bock 等（2005）借鉴前人的研究成果，进一步设计了关于知识共享态度的测量量表，共包括 5 个测量题项，Cronbach's α 值为 0.9184。

本书拟采用 Bock 等（2005）的测量量表，原因在于：首先，该测量量表的 Cronbach's α 值相对较高，满足要求；其次，该测量量表基本能全面解释观念共识的多方面内容。具体题项如表 4–5 所示。

表 4–5　观念共识量表

题号	题目内容
GNGS1	顾客愿意经常向我们提供产品的维修记录和损坏位置
GNGS2	顾客打算和我们更频繁地分享他们的工作经验以及工作体会
GNGS3	如果我们向顾客询问关于服务改善所需要的知识时，顾客会愿意告知我们

资料来源：Bock 等（2005）。

4.2.6　知识共享的测量

知识共享是个体将自己的知识转化为能被他人理解、吸收并加以使用的知识过程。回顾已有文献，研究者主要是从知识的特征、知识共享的对象以及知识共享产生的理论三个角度对知识共享进行测量研究。

Lee（2001）根据知识的特性，将知识共享划分为显性知识共享和隐性知识共享，并开发出了相关量表；显性知识共享的量表信度 Cronbach's α = 0.900，隐性知识共享量表题项的信度 Cronbach's α = 0.758。因此，从显性知识共享量表信度和隐性知识共享量表信度可知，该知识共享量表信度良好，量表内部一致性的信度较高，由此可知，Lee 开发的知识共享测量量表具有良好的信度，该知识共享测量量表的内部一致性较高。

与 Lee（2001）不同的是，Hooff 等（2012）等在理性行为理论的基础上，开发并设计了知识共享的测量量表；该测量量表由知识贡献和知识获取组成，其中，知识获取测量量表总共包括 6 个题项，且内部一致性系数为 0.850，这表明量表具有较高的内部一致性信度，每个测量题项的因子载荷介于 0.621~0.841；知识获取维度包括 4 个题项，内部一致性系数为 0.780。每个测量题项的因子载荷介于 0.664~0.823，这一标准化因子负载的最低水平作为探索性研究基本可以接受。由此可知，Hooff 等开发的知识共享测量量表具有良好的信度，该知识共享的测量量表的内部一致性较高。

此外，Taylor 等（2004）也在理性行为理论的基础上，通过对员工知识共享的研究，开发了员工知识共享量表，该量表包括 4 个题项，研究发现具有较好的信度，而 Lin 等也借鉴了该量表用以研究内生动机和外生动机对员工知识共享的影响，测量研究发现该量表的 Cronbach's α 值为 0.850。由此可知，Taylor 等开发的知识共享测量量表具有良好的信度，该知识共享的测量量表的内部一致性较高。

Ford 和 Sterman（1997）则从知识共享对象的角度出发，总共设计了三份共 36 个题项的知识共享的测量量表，而且每份知识共享测量量表均包含 12 个题项，通过实证研究发现，同事关系紧密的知识共享测量量表的信度 Cronbach's α 值为 0.862；同事关系疏远的知识共享测量量表 Cronbach's α 值为 0.913；普通的同事关系的知识共享测量量表 Cronbach's α 值为 0.905，三份知识共享量表的信度值都远远大于 0.700 的最低信度要求标准。由此可知，Ford 等开发的知识共享测量量表具有良好的信度，该知识共享的测量量表的内部一致性较高。在借鉴以上研究成果的基础上，Bock 等设计了员工知识共享的量表，该量表包括 7 个题项，该知识共享量表的 Cronbach's α 值为 0.930，远大于 0.700 的标准。因此，Bock 等开发的知识共享测量量表的信度良好，表明该知识共享测量量表具有较高的内部一致性。

Lu 等（2006）在借鉴 Bock 等量表的基础上，结合中国的文化背景，开发出了知识共享的量表，Cronbach's α 值为 0.800，量表信度良好，说明 Lu 等开发的知识共享量表在中国文化背景下具有较好的适用性，能够较好地反映国内员工的知识共享情况；此外，Lu 等的实证研究成果发表在国际权威期刊 *Management and Organization Review* 上，具有一定的影响力。

因此，基于上述分析，在接下来的研究中借鉴 Lu 等（2006）测量量表，选取 3 个测量题项对顾客参与服务创新中的知识共享进行测量，具体测量如表 4-6 所示。

表 4-6　知识共享量表

题号	题目内容
ZSGX1	顾客经常向我们提供产品的维修记录和损坏位置
ZSGX2	当我们询问顾客关于产品改善所需要的知识时，顾客会告知我们
ZSGX3	顾客很频繁地向我们提供产品使用情况

资料来源：Lu 等（2006）。

4.2.7　知识共创的测量

对于中介变量知识共创，主要借鉴 Chesbrough 等（2010）的研究，包括 4 个题项测量，即"当产品/服务使用过程中遇到问题时，顾客经常和我们一起解决""当产品/服务需要改善升级时，顾客经常给我们提供建议或对策"等。知识共创的测量量表如表 4-7 所示。

表 4-7　知识共创量表

题号	题目内容
ZSGC1	当产品/服务使用过程中遇到问题时，顾客经常和我们一起解决
ZSGC2	当产品/服务需要改善升级时，顾客经常给我们提供建议或对策
ZSGC3	顾客很频繁地向我们分享他们的工作经验以及工作体会
ZSGC4	顾客尝试更有效的方式向我们提供他们在其他培训中获得专业知识或技能

资料来源：Chesbrough 等（2010）。

4.2.8 服务创新绩效的测量

服务创新绩效是企业服务创新领域经常涉及的结果变量。由于服务以及服务创新过程自身的复杂性，服务创新绩效的测量至今尚未达成共识。学者们运用不同的方法、从不同的角度对服务创新绩效进行了测量。

Cooper 和 Kleinscbmidt（1987）将服务创新绩效划分为财务绩效、机会窗口和市场影响三个维度，随后，Cooper 等（1994）扩展了其研究成果，将服务创新绩效的评价体系划分为财务绩效、关系增强和市场发展。以后的许多学者基于 Cooper 的相关研究结果，将服务创新绩效的测量量表进一步完善与深化，Atuahene-Gima（1996）采用 12 个指标对服务创新绩效进行测量，Storey 和 Kelly（2000）给出了新服务开发的测量体系，将服务创新绩效从财务衡量指标和内部衡量指标两个方面进行测量。借鉴 Cooper 和 Kleinscbmidt（1987）及 Atuahene-Gima（1996）的研究成果，王琳等（2015）研究了顾企互动与企业服务创新绩效的关系，从财务和非财务指标两个方面，将服务创新绩效视为单维度，用 4 个测量题项对其进行测量。李清政和徐朝霞（2014）在研究顾客共同生产与服务创新绩效之间关系的过程中，借鉴了 Storey 和 Kelly（2001）研究结果，将服务创新绩效视为单维度，用 7 个测量题项对其进行测量。

本书基于以上研究成果，为了适应中国的研究情境，针对服务创新绩效的测量，本书拟采用现有研究中普遍使用的绩效指标，从财务部分和非财务部分两个方面来衡量。其中，财务指标借鉴 Theoharakis 和 Hooley（2003）开发的量表，非财务指标借鉴 Buzzell 等（1987）和 Theoharakis 等（2003）开发的量表，将服务创新绩效视为单维度，用 3 个测量题项对其进行测量，具体测量题项如表 4-8 所示。

表 4-8　服务创新绩效量表

题号	题目内容
FWCXJX1	与竞争对手相比，我们企业的总利润水平较高
FWCXJX2	与竞争对手相比，我们企业在全国范围内的市场份额水平较高
FWCXJX3	与竞争对手相比，我们企业的销售年增长率较高

资料来源：Buzzell 等（1987）和 Theoharakis 等（2003）。

4.3　前测问卷数据收集

4.3.1　问卷设计

本书问卷内容的设计在遵循以上学者所提出的原则的基础上，为了增加变量之间的连续性，对调查问卷中所有题项的测量均采用李克特 5 点计分法，以 1~5 分衡量问卷中问题与调查对象实际情况的吻合程度，其中，其中"5"表示非常符合，"4"表示符合，"3"表示一般符合，"2"表示不符合，"1"表示非常不符合，分值越高表示被调查者对问卷陈述内容的认同度越高。

4.3.2　小规模访谈

问卷设计一定要通过小规模访谈来修改，小规模访谈的目的主要在于与相关人员讨论最大限度地消除问卷内容用词的多重含义或者歧义、复杂的语句、带有引导性的题项等问题，从而确保问卷设计的准确性、合理性。

为了提高变量测量的信度和效度，本书选用服务型制造领域的研究学者、服务型制造行业的企业顾客代表和企业的管理者代表作为访谈对象，对所选行业进行小规模的深度访谈。从事服务型制造领域研究的学者包括 1 名西安理工大学的教授、2 名西北工业大学的副教授、4 名博士研究生和 2 名硕士研究生，访谈内容主要涉及问卷设计的理论严谨性方面，包括问卷内容是否涵盖所要测量的变量、与研究内容是否一致等方面；服务型制造行业的企业顾客代表和企业的管理者包括陕重汽的管理层和陕重汽产品的 5 家使用方，访谈内容主要集中于问卷实际填写中遇到的问题，包括问卷的题项设计是否符合企业实际、问卷是否过于冗长、表述是否清晰、是否应该增加相应的问题等方面。

通过对服务型制造领域的研究学者、服务型制造行业的企业顾客代表和企业的管理者代表作为访谈对象，对所选行业进行小规模的深度访谈，我们对问卷作了如下修订：第一，修改了问卷表述不清楚的语句，避免调查者在作答时产生歧义；第二，对知识共创的题项进行进一步解释，以便调查者更好地理解题项；第三，为了避免产生同源偏差，我们将所有的题项综合到一起，减少调查者对信息的诠释。调查问卷经过修订和完善以后，能很好地适用于中国情境，并且能够切实地反映企业服务创新实践的情况。经修改后的问卷详见附录 1。

4.3.3 数据采集方式设计

在实际问卷的发放过程中，本书设计了两份不同类型的调查问卷用于采集所需要的不同变量的数据。

问卷 Ⅰ 为制造企业的产品使用方的顾客汇报问卷。涉及的变量分别为物质奖励、互惠关系、自我效能感、自我胜任感和背景统计变量，共计 12 个题项。

问卷 Ⅱ 为企业汇报问卷。涉及的变量为观念共识、知识共享、知识共创和服务创新绩效，共计 13 个题项。本书为了避免同源偏差，对上述变量观念共识、知识共享和知识共创的测量采用他人汇报的形式来获取所需要的数据。供应商是顾客参与创新行为最有效的观察者，因此，我们采用顾客直接对应的企业营销部的负责人作为他人汇报的主体，有效地避免了同源偏差。

4.4　前测调研及最终量表形成

本书的前测调研主要是在西安地区实施，前测调研样本主要为西安地区 10 家服务型制造企业以及他们的 105 家产品使用方（顾客）。10 家服务型制造企业的选取原则是制造业领域实施服务型制造战略比较成功、已经取得相应绩效提升的企业，例如陕汽、陕鼓等；确定 10 家服务型制造企业以后，对企业进行调研和访谈，发放问卷Ⅱ（企业汇报问卷），在问卷中设计中在企业填写调查问卷前，首先需要依次填写参与该企业创新的顾客企业名单（至少 10 家），对于这些领先顾客的参与创新行为（观念共识、知识共享和知识共创），企业是最直接的观察者，因此由企业汇报；然后根据企业填写的顾客名单再发放问卷Ⅰ，由相应的顾客填写。

前测问卷分别采用现场发放和委托企业联系人代为发放和回收的方式完成。共发放制造企业的产品使用方的顾客汇报问卷Ⅰ（顾客汇报）150 份，回收有效问卷 105 份（除了背景统计数据，问卷Ⅰ共有 21 个题项，105 份的前测样本量大于题项数，达到了要求），有效回收率为 70%；问卷Ⅱ（供企业汇报问卷）22 份，回收有效问卷 22 份，问卷有效回收率100%。具体前测样本背景统计数据信息如表 4-9 所示。

4.4.1　探索性因子分析概述

在管理学领域，测量量表的有效性评价指标主要包括信度分析和效度分析两个方面（Hinkin，1998）。信度分析也就是针对测量量表的可靠性分析，指的是采用同样的方法对同一对象重复测量时所得结果的一致性程度；效度对测量量表的有效性进行检验，描述的是测量工具或手段

表 4-9　前测顾客样本的背景统计数据信息

统计项		频率（份）	百分比（%）	有效百分比（%）	累计百分比（%）
所属行业类型	装备制造业	32	30.48	30.48	30.48
	汽车制造业	34	32.38	32.38	62.86
	电子设备制造业	24	22.86	22.86	85.72
	石油化工制造业	9	8.57	8.57	94.29
	其他	6	5.71	5.71	100.00
	合计	105	100.00		
与企业合作年限	1 年以下	2	2.86	2.86	2.86
	1~3 年	36	34.29	34.29	37.15
	3~10 年	55	52.38	52.38	89.53
	10~15 年	7	6.67	6.67	96.20
	15 年以上	5	4.80	4.80	100.00
	总计	105	100.00		
企业成立年限	3 年及以下	38	36.19	36.19	36.19
	4~6 年	35	33.33	33.33	69.52
	7~9 年	15	14.29	14.29	83.81
	10~12 年	8	7.62	7.62	91.43
	13 年及以上	9	8.57	8.57	100.00
	合计	105	100.00		
企业创新类型	创新型	85	80.95	80.95	80.95
	保守型	20	19.05	19.05	100.00
	合计	105	100.00		

准确检验所需测量事物的程度，所测量到的结果反映所想要考察内容的程度，测量结果与所要考察的内容越吻合，则效度越高；反之，则效度越低。效度分为内容效度和建构效度。只有通过内容效度的量表，建构效度的检验才具备理论基础。

信度分析方面：用来判断调查对象是否认真地填写问卷，常用的信度检验指标有三类，稳定性、等值性和内部一致性。本书采用内部一致性对量表的信度进行检测。内部一致性的估计方法包括折半法、KR20 法和 Cronbach's α 系数法，其中，Cronbach's α 系数法常用于定距尺度的测量量表，如 Likert 量表。因此，本书采用 Cronbach's α 系数法衡量变量的信度，该方法认为衡量同一概念的变量应该有很高的相关性，相关性低的变量应该被剔除。对于 Cronbach's α 系数，其选取标准目前研究学者们并未达成共识。Guieford（1965）认为若 Cronbach's α 系数在 0.35~0.7，则认为可以接受；根据 De Vellis 和 Robert（1991）的观点，Cronbach's α 系数值应不得低于下限 0.600 的标准；Robinson 等（1996）、Hair 等（1998）均指出 Cronbach's α 系数的下限值为 0.7，但是在探索性研究中下限可以降到 0.6。但是，这并不是说 Cronbach's α 系数值越高越好，Cronbach's α 值超出一定值，反而对内容效度和建构效度产生削减作用。借鉴以上研究学者的研究成果，本书认为：若 Cronbach's α 系数值在 0.6~0.7 认为信度一般，尚可接受；若 Cronbach's α 系数值大于 0.7 则为高信度，可以接受。

效度分析方面：内容效度的检验方法主要采用专家判断法，由相关专家和消费者就题项的恰当与否从理论和现实两方面予以评价。只有通过内容效度的量表，建构效度的检验才具备理论基础。目前研究中，探索性因子分析（EFA）常被用于检测并确定各题项是否具有建构效度。本书采用 KMO 值和巴特莱特（Bartlett）球形检验来检测各变量之间的相关性，其度量标准为：KMO 值低于 0.5 表示没有通过检验，越接近于 1 表示越适合做因子分析；巴特莱特通过转化为卡方进行检验，其观测值大于 100，且对应的概率 p 值小于给定的显著水平 α 即可，否则变量不适合做因子分析。综上所述，本书采用主成分分析法对剩余测量题项进行因素提取，并采用方差最大化进行因子旋转，按照特征值大于 1 的要求提取公因子。同时，要求各题项的因子载荷不得小于 0.5。

4.4.2 顾客激励信度分析和探索性因子分析

4.4.2.1 信度分析

由表 4-10 可以看出，物质奖励的 Cronbach's α 值为 0.770，互惠关系的 Cronbach's α 值为 0.771，自我效能感的 Cronbach's α 值为 0.794，自我胜任感的 Cronbach's α 值为 0.820。且删除任何题项后各变量的 Cronbach's α 值均无明显提升，并且上述四个变量的 Cronbach's α 值均大于 0.7，说明各变量的内部一致性较好，符合研究要求。

表 4-10　顾客激励的信度分析

构念	测量题项	项已删除的 Cronbach's α 值	Cronbach's α 值
物质奖励	WZJL1	0.684	0.770
	WZJL2	0.705	
	WZJL3	0.684	
互惠关系	HHGX1	0.708	0.771
	HHGX2	0.692	
	HHGX3	0.675	
自我效能感	ZWXNG1	0.620	0.794
	ZWXNG2	0.777	
	ZWXNG3	0.758	
自我胜任感	ZWSRG1	0.775	0.820
	ZWSRG2	0.806	
	ZWSRG3	0.668	

4.4.2.2 探索性因子分析

由表 4-11 可以看出，KMO 指标值为 0.766，且 Bartlett 的球形度检验的近似卡方值为 839.723，显著性概率值为 0.000（小于 0.001），达到显著性水平，表明可以对量表进一步做探索性因子分析。对应本书的研究变量，因子 1 代表物质奖励，因子 2 代表互惠关系，因子 3 代表自我效能感，因子 4 代表自我胜任感。通过主成分分析法，发现四个因子的特征值均大于 1，因子的累计解释变异为 64.157%，且每个题项的因子载荷均大于 0.5，表明量表能够有效测量在理论架构上所要测量的特质。

表 4-11　顾客激励的探索性因子分析

测量题项	成分			
	1	2	3	4
WZJL1	0.833			
WZJL2	0.819			
WZJL3	0.832			
HHGX1		0.819		
HHGX2		0.829		
HHGX3		0.838		
ZWXNG1			0.897	
ZWXNG2			0.808	
ZWXNG3			0.823	
ZWSRG1				0.715
ZWSRG2				0.678
ZWSRG3				0.816
KMO 值	0.766			
Bartlett 球形度检验	839.723			
显著性概率	0.000			
特征值	2.057	2.061	2.135	2.209
解释的方差比例（%）	68.561	68.697	71.155	73.623

4.4.3　顾客参与信度分析和探索性因子分析

4.4.3.1　信度分析

由表 4-12 可以看出，观念共识的 Cronbach's α 值为 0.789，知识共享的 Cronbach's α 值为 0.853，知识共创的 Cronbach's α 值为 0.911。且删除任何题项后各变量的 Cronbach's α 值均无明显提升，上述三个变量的 Cronbach's α 值均大于 0.7，说明各变量的内部一致性较好，符合研究要求。

表 4–12　观念共识、知识共享和知识共创的信度分析

构念	测量题项	项已删除的 Cronbach's α 值	Cronbach's α 值
观念共识	GNGS1	0.801	0.789
	GNGS2	0.723	
	GNGS3	0.600	
知识共享	ZSGX1	0.863	0.853
	ZSGX 2	0.734	
	ZSGX 3	0.776	
知识共创	ZSGC1	0.893	0.911
	ZSGC2	0.876	
	ZSGC3	0.881	
	ZSGC4	0.889	

4.4.3.2　探索性因子分析

由表 4–13 可以看出，KMO 指标值为 0.876，且 Bartlett 的球形度检验的近似卡方值为 1233.772，显著性概率值为 0.000（小于 0.001），达到显著性水平，表明可以对量表进一步做探索性因子分析。在表 4–13 中，因子 1 代表观念共识，因子 2 代表知识共享，因子 3 代表知识共创。通过主成分分析法，发现三个因子的特征值均大于 1，因子的累计解释变异为 71.699%，且每个题项的因子载荷均大于 0.5，表明量表能够有效测量在理论架构上所要测量的特质。

表 4–13　观念共识、知识共享和知识共创的探索性因子分析

测量题项	成分		
	1	2	3
GNGS1	0.779		
GNGS2	0.838		

续表

测量题项	成分		
	1	2	3
GNGS3	0.898		
ZSGX1		0.831	
ZSGX2		0.913	
ZSGX3		0.891	
ZSGC1			0.873
ZSGC2			0.903
ZSGC3			0.896
ZSGC4			0.881
KMO 值	0.876		
Bartlett 球形度检验	1233.772		
显著性概率	0.000		
特征值	2.114	2.319	3.158
解释的方差比例（%）	70.476	77.309	78.952

4.4.4 服务创新绩效信度分析和探索性因子分析

4.4.4.1 信度分析

由表 4-14 可以看出，服务创新绩效的 Cronbach's α 值为 0.871，且删除任何题项后各变量的 Cronbach's α 值均无明显提升。依据本书的信度评判标准，服务创新绩效的 Cronbach's α 值大于 0.7，说明该变量的内部一致性符合研究要求。

表 4-14　服务创新绩效的信度分析

构念	测量题项	项已删除的 Cronbach's α 值	Cronbach's α 值
服务创新绩效	FWCXJX1	0.833	0.871
	FWCXJX2	0.806	
	FWCXJX3	0.816	

4.4.4.2 探索性因子分析

由表 4–15 可以看出，KMO 值为 0.739，且 Bartlett 的球形度检验的近似卡方值为 279.998，显著性概率值为 0.000（小于 0.001），达到显著性水平，表明可以对量表进一步做探索性因子分析。通过主成分分析法，发现因子的特征值均大于 1，因子的累计解释变异为 79.599%，且由表 4–16 可以看出，每个题项的因子载荷均大于 0.5，表明量表能够有效测量在理论架构上所要测量的特质。

表 4–15 服务创新绩效量表的 KMO 与 Bartlett 检验

取样足够度的 Kaiser–Meyer–Olkin 度量		0.739
	近似卡方分布	279.998
Bartlett 的球形度检验	自由度	3
	显著性	0.000

表 4–16 服务创新绩效的探索性因子分析

变量名称	题项	因子载荷
	FWCXJX1	0.882
服务创新绩效	FWCXJX2	0.900
	FWCXJX3	0.894
特征值		2.388
累计解释变异百分比（%）		79.599

4.5 小结

本章进一步对实证研究所涉及的研究方法的选择、研究步骤的设计、变量测量、问卷设计、数据采集以及数据分析方法进行了说明。

首先，阐述了本书所运用到的实证研究方法，并详细介绍了研究步骤的设计。

其次，以第三部分的研究假设和概念模型为基础，收集本书相关领域的国内外研究文献，对适合本书所需测量变量的相对成熟的量表进行梳理和筛选。

再次，将筛选出的问卷采取中英文回译的方法，尽可能精确地表达问卷题项，设计初始调研问卷，采用小规模访谈的形式对初始问卷进行修订和完善，消除问卷内容用词的多重含义或者歧义、复杂的语句、带有引导性的题项等问题，从而确保问卷设计的准确性、合理性。

最后，通过对西安地区 10 家服务型制造企业以及他们的 105 家产品使用方（顾客）进行小规模的前测调研，对初始问卷进行了信度分析和效度分析，检验了问卷的有效性和可靠性，完善测量题项，最终形成了本书的正式调研问卷。

5

正式调研与假设检验

本书主要研究的是顾客激励、顾客参与创新与服务创新绩效的作用机理，研究中主要包含 8 个变量：物质奖励、互惠关系、自我效能感、自我胜任感、观念共识、知识共享、知识共创和服务创新绩效，这些变量都是以构念的形式出现的，因此，需要通过调查问卷来进行相关数据的收集。首先进行的是数据特征描述，这是假设关系验证和结果讨论的基础，然后运用 Cronbach's a 系数和探索性因子分析及验证性因子分析对量表进行信度和效度分析，采用结构方程模型法分析整体模型并验证所提出的研究假设。本书具体运用 SPSS 19.0 统计软件进行数据特征描述和探索性因子分析，验证性因子分析时采用 AMOS 20.0 统计软件，并且评估测量模型和结构模型的拟合程度。

5.1 数据收集

5.1.1 调研对象的选择

实证研究的准确性和研究结论的适用性与调研对象的选择息息相关。回顾已有的服务创新和知识管理领域的国内外相关文献，不难发现，大多数学者们分别从被调查企业和被调查顾客两个层面对调研样本进行筛选和确定。

5.1.1.1 被调查企业

在顾客参与创新与企业服务创新方面研究的被调查组织的选择方面，我们选定实施服务化转型战略的服务型制造企业。从服务型制造企业的行业背景和企业特征看，这种类型企业战略的实施往往以客户为主导，相对于其他类型的企业，其服务创新过程更需要激励顾客参与，从而获得更多的顾客需求，并且在顾客参与的过程中可以同企业员工共享或者共创服务创新所需知识，以便提高企业服务创新效率。

由于受到时间、空间和成本等客观条件的限制，本书的调研样本不可能覆盖全国所有省市，但是，为了保证调研的服务型制造企业具有代表性和可行性，本书调研对象的选择覆盖了陕西、山东、上海、北京、江苏、河北、河南、辽宁、吉林等地区，产品覆盖了装备制造业、汽车制造业、石油或化工制造业、通信仪表或电子设备制造业、金属或矿物制品加工业、医药制造业等多个领域。

为了提高实证研究的准确性和研究结论的普适性，考虑到同一产权类型的企业在激励策略、服务创新战略、客户群体等方面可能存在一定的趋同性，本书决定选取不同产权类型的企业作为研究对象，包括民营企业、国有独资企业、国有控股企业、外资企业（含合资）、其他企业 5 种产权类型。考虑到企业的成立年限可能会对企业实施激励策略和服务创新战略产生影响，本书决定选取不同成立年限的企业作为调研对象，包括 5 年及以下、6~10 年、11~15 年、16~20 年和 21 年及以上 5 个档次；由于企业的规模不同，其实施企业服务创新战略所能利用的资源和企业的能力会有所不同，因此，本书选取不同规模的企业作为研究对象，包括 50 人以下、50~99 人、100~499 人、500~999 人和 1000 人及以上五个层次。

5.1.1.2 被调查顾客

正式调研问卷和前测问卷的发放一样，确定被调查的服务型制造企业，其选取原则是制造业领域实施服务型制造战略比较成功、已经取得相应绩效提升的企业，如陕汽、陕鼓等；确定服务型制造企业以后，对企业进行调研和访谈，并且发放问卷Ⅱ（企业汇报问卷）。问卷设计在企业填写调查问卷前，首先需要依次填写参与该企业创新的顾客企业名单（至少 10 家），对于这些领先顾客的参与创新行为（观念共识、知识共享和知识共创），企业是最直接的观察者，因此由企业汇报；然后根据企业填写的顾客名单再发放问卷Ⅰ，由相应的顾客填写。

与此同时，为了保证样本的质量，在具体选择调查对象时本书综合考虑以下两个因素：第一，为了确保被调研顾客已经较为熟悉和基本掌握了其产品提供企业的服务创新战略和激励措施等基本情况，被调查顾客与企业之间保持联系至少是 1 年；第二，被调研顾客必须为其产品使用企业的创新活动提供过意见或者建议。

5.1.2 样本容量的确定

关于实证研究调研样本的最低样本量，国内外学者们的意见并不统一。国外学者 Nunnally（1967）建议，样本数量应该为测量变量数的 10 倍；Hair 等（1998）、Bagozzi 和 Yi（1988）认为，完成回归分析的样本数量至少应该为问卷题项数目的 5 倍；Jackson（2003）提出 1∶10 是样本量的最低要求，如果比值降到 1∶5 以下，结果就不值得相信了；Barrett（2007）建议期刊的评审委员要拒绝样本数量少于 200 的结构方程模型论文。国内学者何晓群（2004）认为，为了保证回归分析结果的精确性，样本数量应该大于 100 小于 200；张伟豪（2011）在综合专家意见的基础上，认为结构方程模型的合理样本数为 200~500。

综合考虑以上国内外学者的方法建议，本书拟借鉴 Hair 等（1998）的样本容量标准。本书的调查问卷题项总共是 36 个，因此，用于回归分析的样本数量应大于 180 份。考虑到不合格问卷、无效问卷等情况的存在，本书正式调研时，预备发放 500 份正式调研问卷。

5.1.3　问卷的发放与回收

本书进行正式样本问卷调查的时间为 2014 年 6 月上旬至 2015 年 5 月中旬，经历了一年左右的时间。问卷的正式发放主要采用电子问卷和纸质问卷两种发放方式，且问卷的填写人员选定企业的研发人员和管理人员，并通过以下三种渠道发放：第一种渠道，利用与学校的实验室长期合作并保持稳定、良好的合作关系的服务型制造企业，自行上门发放与回收。这种方式通过与企业填写问卷人员的现场沟通，保证了获取数据的可靠性，并且可以获得较多的产品使用企业名单，可以委托相关企业联系人发放顾客填写的问卷，或者通过电子邮件发放与回收顾客填写问卷。第二种渠道，利用学校 EMBA 课堂进行发放。第三种渠道，通过电子邮件与回收。这种发放问卷的方式虽然有效，但存在回收率不高的缺点。本书首先筛选符合条件的服务型制造企业，通过 E-mail 的形式将调查问卷 Ⅱ（企业汇报）和填写说明发送给对方，请其按要求填写并以电子邮件的形式反馈，然后我们按照调查企业填写的问卷，将调查问卷 Ⅰ（顾客汇报）发放给相应的顾客，同样地请其按要求填写并以电子邮件的形式反馈。表 5-1 为正式调研对象发放与回收情况汇总。

表 5-1　正式调查问卷发放与回收情况

发放和回收方式	发出份数	回收份数	回收率（%）
自行上门发放与回收	20	20	19.05
利用学校 EMBA 课堂进行发放与回收	180	123	68.33
电子邮件与回收	300	145	48.33
合计	500	288	57.60

问卷回收完毕后，我们将问卷进行筛选，剔除不符合要求的无效问

卷。一份问卷被判定为无效的标准为：第一，问卷填答不完整，未答题项超过 5 个或者连续未作答超过 3 个；第二，答题者多个题项连续选择同一个答案；第三，问卷题项的回答中存在前后矛盾的现象；第四，由于题项都是单选题，如果存在多选现象，则该问卷视为无效；第五，问卷题项中选择"不确定"过多者，则认为该调查人员对调查内容不熟悉，其问卷予以剔除。考虑以上五点，问卷经过筛选，最终得到有效问卷 210 份（其中，剔除无效问卷 78 份，问卷有效回收率为 72.92%）。

5.1.4 数据统计方法

本书对于正式问卷收集的数据，首先，采用探索性因子分析法对回收的问卷数据的信度进行检验；然后，采用验证性因子分析法对回收的问卷数据的信度和效度进行检验。通过信度、效度分析检验问卷数据的可靠性和有效性，并在此基础上对数据进行多元回归分析，采用结构方程分析法（Structural Equation Model，SEM）和 Bootstrap 再抽样技术进而对所提出的假设进行验证。上述过程采用的统计分析软件包括 SPSS 19.0 以及 AMOS 20.0。

（1）描述性统计分析：采用 SPSS 19.0 软件，利用均值、标准差等叙述性统计方法对被调查样本和各测量题项的特征进行描述。

（2）数据质量分析：采用 AMOS 20.0 统计软件，通过验证性因子分析评判内容效度、收敛效度和区分效度。

（3）背景特征控制分析：本书利用 SPSS 19.0 软件，采用方差分析法评估被调查企业的统计项（成立年限、企业规模、产权性质）和被调查顾客的统计项（所属行业、与企业联系年限、成立年限、创新类型等）在统计学上对中介变量和因变量是否存在显著差异。

（4）假设验证分析：首先，采用 Pearson 相关分析法，运用 SPSS 19.0 软件对模型中的研究变量进行相关性检验；然后，采用结构方程分析法和 Bootstrap 再抽样技术，对概念模型和相关假设进行验证。

本书具体的数据分析内容与所运用的统计方法如表 5-2 所示。

表 5-2 数据分析内容与所运用的统计方法汇总

分析类型	数据分析内容	统计方法	统计软件
描述性统计分析	均值、标准差等叙述性变量	频数统计分析	SPSS 19.0
数据质量分析	内容效度、收敛效度和区分效度	验证性统计分析	AMOS 20.0
背景特征控制分析	企业统计项（企业年限、企业规模和企业产权）在统计学上对中介变量和结果变量是否存在显著差异	单因素方差分析	SPSS 19.0
假设验证分析	相关性检验、路径显著性	Pearson 相关分析、结构方程分析、Bootstrap 再抽样技术	SPSS 19.0 AMOS 20.0

5.2 描述性统计分析

了解数据的基本特征是进行统计分析的基本前提，描述性统计分析（Descriptive Analysis）是整个数据质量分析过程的基础，因此，为了更好地发现调研数据的内在规律，在进行数据质量分析之前，首先要对调研数据进行描述性统计分析。

5.2.1 被调查企业的描述性统计分析

以有效问卷为基础，本书被调查组织的描述统计如表 5-3、表 5-4、表 5-5 所示。表 5-3 给出了被调查企业的成立年限情况，表 5-4 给出了被调查企业的员工规模统计情况，表 5-5 给出了正式调研企业的产权类型统计情况。三个表格中都包含了每个调查企业基础信息的不同属性所占的比例和累计比例。

表 5-3   正式调研企业的成立年限统计

类型	频数	比例（%）	累计比例（%）
5 年及以下	12	33.33	33.33
6~10 年	7	19.44	52.77
11~15 年	8	22.22	74.99
16~20 年	6	16.67	91.66
21 年及以上	3	8.34	100.0
总计	36	100.0	

表 5-4   正式调研企业规模统计

类型	频数	比例（%）	累计比例（%）
50 人以下	5	13.89	13.89
50~99 人	6	16.67	30.56
100~499 人	15	41.67	72.23
500~999 人	6	16.67	88.90
1000 人及以上	4	11.10	100.0
总计	36	100.0	

表 5-5   正式调研企业的产权类型统计

类型	频数	比例（%）	累计比例（%）
国有企业	15	41.67	41.67
民营企业	11	30.56	72.23
外资企业（包括合资、合作和独资）	10	27.78	100.0
总计	36	100.0	

5.2.2　被调查顾客的描述性统计分析

以有效问卷为基础，本书被调查顾客的描述统计如表 5-6、表 5-7、表 5-8 和表 5-9 所示。表 5-6 给出了被调查顾客的所属行业情况；表 5-7 给出了被调查顾客与产品使用企业的联系年限情况；表 5-8 给出了被调查顾客的企业成立年限统计情况；表 5-9 给出了被调查顾客是否属于创新型企业的统计情况。四个表格中都包含了每个调查顾客基础信息的不同属性所占的比例和累计比例。

表 5-6　正式被调研顾客的所属行业统计

统计项	频数	比例（%）	累计比例（%）
装备制造业	65	30.95	30.95
汽车制造业	68	32.38	63.33
电子设备制造业	49	23.33	86.66
石油化工制造业	18	8.57	95.23
其他	10	4.77	100.00
合计	210	100.00	

表 5-7　正式被调查顾客与产品使用企业的联系年限情况统计

统计项	频数	比例（%）	累计比例（%）
1 年以下	13	6.19	6.19
1~3 年	68	32.38	38.57
3~10 年	99	47.14	85.71
10~15 年	28	13.33	99.04
15 年以上	2	0.96	100.00
总计	210	100.00	

表 5-8　正式被调查顾客的企业成立年限统计

类型	频数	比例（%）	累计比例（%）
3 年及以下	69	32.86	32.86
4~6 年	54	25.71	58.57
7~9 年	42	20.00	78.57
10~12 年	28	13.33	91.90
13 年及以上	17	8.10	100.00
总计	210	100.00	

表 5–9　正式被调查顾客是否属于创新型企业情况统计

统计项	频数	比例（%）	累计比例（%）
创新型	128	60.95	60.95
保守型	82	39.05	100.00
合计	210	100.00	

5.2.3　测量题项的描述性统计分析

测量题项的描述性统计分析主要是描述各研究变量的均值、标准差和相关系数，目的是初步考察各研究变量之间是否存在相互影响。此分析方法不考虑变量之间的因果关系，只是探讨各变量之间相互作用的可能性，模型设置是否合理也可以通过相关系数分析进行初步评判。

本书利用 SPSS 19.0 统计软件对测量题项进行了描述性统计分析，表 5–10 显示了正式调研测量题项的描述统计项（均值、标准差、偏度与峰度、偏度标准误、峰度标准误）。表中数据显示，所有测量题项的偏度绝对值满足小于 1.5 的标准，峰度绝对值符合小于 3 的标准，说明本书的调研数据基本服从正态分布，为进一步的统计分析提供基础。

表 5–10　正式调研测量题项的描述统计

测量题项	样本数	均值	标准差	偏度	偏度标准误	峰度	峰度标准误
WZJL1	210	3.085	0.871	−0.117	0.177	−0.199	0.352
WZJL2	210	3.095	0.826	0.049	0.177	0.360	0.352
WZJL3	210	3.064	0.829	−0.176	0.177	−0.264	0.352
HHGX1	210	3.434	0.876	−0.011	0.177	−0.474	0.352
HHGX2	210	3.444	0.788	0.020	0.177	−0.067	0.352
HHGX3	210	3.460	0.828	0.156	0.177	−0.501	0.352
ZWXNG1	210	3.492	0.776	−0.284	0.177	0.342	0.352
ZWXNG2	210	3.487	0.816	−0.343	0.177	0.082	0.352
ZWXNG3	210	3.508	0.816	−0.174	0.177	0.408	0.352
ZWSRG1	210	3.312	0.840	−0.589	0.177	0.096	0.352

续表

测量题项	样本数	均值	标准差	偏度	偏度标准误	峰度	峰度标准误
ZWSRG2	210	3.270	0.836	−0.267	0.177	0.309	0.352
ZWSRG3	210	3.275	0.824	−0.205	0.177	0.218	0.352
GNGS1	210	3.340	0.820	−0.114	0.177	0.192	0.352
GNGS2	210	3.280	0.868	−0.024	0.177	0.062	0.352
GNGS3	210	3.460	0.847	−0.017	0.177	−0.084	0.352
ZSGX1	210	3.683	0.747	−0.103	0.177	−0.291	0.352
ZSGX2	210	3.529	0.782	0.307	0.177	−0.439	0.352
ZSGX3	210	3.550	0.761	0.231	0.177	−0.401	0.352
ZSGC1	210	3.503	0.796	0.438	0.177	−0.436	0.352
ZSGC2	210	3.450	0.781	0.169	0.177	0.356	0.352
ZSGC3	210	3.534	0.789	0.247	0.177	−0.457	0.352
ZSGC4	210	3.582	0.779	0.065	0.177	−0.429	0.352
FWCXJX1	210	3.370	0.887	0.046	0.177	−0.536	0.352
FWCXJX2	210	3.400	0.836	0.176	0.177	−0.501	0.352
FWCXJX3	210	3.420	0.899	0.049	0.177	−0.554	0.352

5.3 验证性因子分析

本节将采用 AMOS 20.0 统计软件对量表的效度及问卷数据的拟合情况进行验证性因子分析，分别对顾客激励、顾客参与、服务创新绩效各自模型的拟合程度、各构面之间的内容效度、收敛效度及区别效度进行分析。所谓效度是指统计度量指标对其要测量的结构变量的测量程度，并且测量结果与考察内容的吻合程度与效度呈正相关关系。

5.3.1 验证性因子分析概述

本书所用的结构方程模型是应用线性方程系统表示观测变量与潜变量之间，以及潜变量之间关系的一种统计方法。从发展历史来看，相对于起源来说，结构方程模型概念的提出相对滞后，在 20 世纪 70 年代初期学者们给出了结构方程模型的概念；发展到 80 年代，结构方程模型在心理学、管理学、社会学等社会科学领域中得到了广泛的应用，替代了传统统计方法的局限性，成为多元数据分析的重要工具之一。

与传统的统计建模分析方法和简单的线性回归相比，SEM 具有以下优点：①容许回归方程的自变量含有测量误差；②多个因变量可以同时被处理；③因素的测量和因素之间的结构可以在一个模型中同时处理；④模型设定更具有弹性，这些优点使它在社会科学的应用中越来越普遍。

SEM 中的变量从可测性角度来分，可以分为显变量和潜变量。显变量又称观测变量，是可以直接观察并测度的变量；潜变量是不能直接观察，可从显变量间接测度出来的变量。从变量生成的角度来划分，可分为外生变量和内生变量。外生变量是不受其他变量影响（相当于自变量的概念）的变量；内生变量是受其他变量影响（相当于因变量的概念）的变量。一般来说，SEM 有四种变量：外生显变量、内生显变量、外生潜变量和内生潜变量。在某些结构方程模型中，存在中介变量。结构方程模型由测量模型和结构模型两个基本模型构成，其中，测量模型指的是指标与潜变量之间的关系，结构模型则指的是各潜变量之间的关系。测量模型通常写成如下的测量方程：

$$X = \Lambda_x \xi + \delta \qquad COV(\delta) = \Theta\delta \qquad\qquad Y = \Lambda_x \eta + \varepsilon \qquad COV(\varepsilon) = \Theta\varepsilon$$

式中：X 表示外生显变量，由 q 个外源指标组成的 $q \times 1$ 个向量；ξ 表示外生潜变量，由 n 个外生潜变量（因子）组成的 $n \times 1$ 个向量，无法直接测量；δ 表示外生显变量 X 的测量误差项，q 个测量误差组成的 $q \times 1$ 个向量；Λ_x 表示负荷矩阵，是在 ξ 上的 $q \times n$ 外生潜变量（因子）负荷矩阵，表示外生显变量和外生潜变量之间的关系；Θ_s 表示协方差矩阵；Y 表示内生显变量，是由 p 个内生指标组成的 $p \times 1$ 个向量；η 表示内生潜变量，是由 m 个内生潜变量（因子）组成的 $m \times 1$ 个向量；ε 表示内生显变量的测量误差项，是由 p 个测量误差组成的 $p \times 1$ 个向量；Λ_y 表示负荷矩阵。

结构模型通常写成如下结构方程：

$$\eta = B\eta + \Gamma\eta + \zeta \quad COV(\zeta) = \Phi \quad COV(\zeta) = \Psi$$

式中：B 表示系数矩阵，$m \times n$ 系数矩阵，描述了内生潜变量 η 的相关关系；Γ 表示系数矩阵，$m \times n$ 系数矩阵，描述了外生潜变量 ξ 对内生潜变量 η 的相关关系；ζ 表示残差项，由 $m \times 1$ 个残差组成的残差向量；Φ 表示协方差矩阵；外生潜变量 ξ 的协方差矩阵；Ψ 表示协方差矩阵，残差项 ζ 的协方差矩阵。

Kline（2011）认为，采用结构方程模型进行样本与概念模型的拟合度检验时，需要多个适配度指标进行验证。根据吴明隆（2010）等的研究，主要选取 χ^2/df、GFI、AGFI、RMSEA、CFI、TLI 六个适配度指标来评价模型的拟合程度。结构方程模型常用的拟合指数如表 5-11 所示。

表 5-11 结构方程模型常用拟合指数

拟合指数		稳定性是否受到样本容量的影响	评估模型简约性	数据非正态时能否估计指数	备注
绝对拟合指数	χ^2	否	否	否	适合多组比较分析
	GFI	否	否	不明确	应用不同模型评价方法时表现稳定
	AGFI	否	是	不明确	可增加自由度调整 GIF
	RMSEA	否	是	不明确	测量模型的绝对拟合模型不简约时加以惩罚
相对拟合指数	CFI	是	否	一般低估	适用于比较嵌套模型
	NFI	否	否	否	对正态和小样本较敏感
	TLI	不明确	否	不明确	比较对立模型适配程度
	IFI	不明确	否	不明确	比较模型差异性

各类配适度指标的具体判别标准如下：

（1）卡方比率（Chi-square/df radio），即 χ^2/df。χ^2/df 的值越小，表示模型的拟合程度越高。Ullman（2003）认为，χ^2/df 的值在 2 以内表示模型适配度最佳。Kline（2011）建议 3 以内可以接受。侯杰泰等（2004）认为，χ^2/df 的值小于 5 则可以接受，小于 2 效果更佳；张伟豪（2011）认为，最好小于 3 但也不能小于 1，小于 1 则为过度适配。因此，借鉴以上学者的观点，一般认为 χ^2/df 的值在 2.0~5.0 时，模型可以被接受，该值越接近于 2.0，表明模型的拟合程度越好。

（2）拟合优度指标（Goodness-of-Fit Index，GFI），即假设模型与样本矩阵的接近程度，表示假设模型的共变异数揭示样本共变异数的比例。GFI 的值在 0~1，值为 1 时表示完全拟合，因此，值越接近 1，表示模型的配适度越好。一般 GFI > 0.800，就能表示定义的模型可以接受，若 GFI > 0.900，则说明观测数据较好拟合模型，效果更佳（Bentler，1989）。

（3）调整的拟合优度指标（Adjusted Goodness-of-Fit Index，AGFI）：AGFI 则类似于回归分析中调整后的可解释变异量，当参数越多时，AGFI 的数值越大，通常采用 AGFI > 0.900，表示模型有良好的配适度，但有时会因为参数过多而使 AGFI 达到 0.900 有困难，根据 MacCallum 和 Hong（1997）建议可适当放宽到 0.800。

（4）近似均误差方根（RMSEA）：RMSEA 为结构方程模型最重要的统计指标。其值越大，表明假设模型与样本数据的拟合程度较差，值越小，表明拟合效果越好。通常采用 RMSEA < 0.080，表明模型有良好的配适度，RMSEA < 0.050 效果更佳。

（5）比较拟合指数（Comparative Fit Index，CFI）：CFI 值在 0~1 时，值越接近 1，代表模型的拟合程度越好，和 RMSEA 一样，不受样本数大小的影响。通常认为 CFI > 0.900 表示模型的拟合程度较为理想（Bentler，1989）。

（6）TLI，即 Tucker-Lewis Index 指数，其用来比较两个对立模型之间的适配程度。TLI 值介于 0~1 间，接近 1 代表适配度良好，通常 TLI 的值会比 CFI 低一些，通常认为 TLI 的值在 0.900 以上，模型的适配度良好。

各个拟合指数的评判标准如表 5-12 所示。

表 5-12　各个拟合指数的评判标准

类型	拟合指数	建议评判标准
绝对拟合指标	χ^2/df	2.0~5.0，接近于 2.0，效果更佳
	GFI	大于 0.80 可以接受，大于 0.90 更佳
	AGFI	大于 0.80 可以接受，大于 0.90 更佳
	RMSEA	小于 0.080，表明模型有良好的配适度，小于 0.050，效果更佳
相对拟合指数	CFI	大于 0.90，表示模型的拟合程度较为理想
	TLI	大于 0.90，表示模型的适配度良好

5.3.2　验证性因子分析的实施步骤

应用结构方程模型进行实证研究大致可分为八个步骤，如图 5-1 所示：

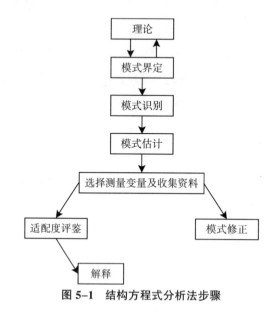

图 5-1　结构方程式分析法步骤

（1）理论：结构模型中各变量之间关系需要靠理论的建立来呈现，而且理论是假设模型成立的主要依据。因此，理论的建立就成为 SEM 的第一个步骤。

（2）模式界定：将理论所呈现的假设以 SEM 的形式加以表达。一般使用路径图来界定模式，也可以用一系列的方程式来表达。

（3）模式识别：确定模型是否可以识别。不同类型的 SEM 必须符合一定的限定条件才能被识别。如果模式可以被识别，则表示理论上模型中的参数都和估计值一一对应；如果模型无法被识别，那么将无法对模型做出正确的估计，这就意味着模型界定是失败的。

（4）选择测量变量及收集资料：选择的测量变量和收集的资料都将应用于之后的分析模式。

（5）模型估计：在模型估计的过程中，要选择合适的估计方法用于估计模型中的参数。在估计方法的选择方面，最大似然法、一般化最小平方方法等迭代法比较适用于常用的统计软件，例如 LISREL、AMOS 等。

（6）适配度评鉴：在这一步骤中，理论预测模型与所收集资料间适配的程度得到验证。其中，整体模型、测量模型和结构模型是适配度检验的三种类型。一般而言，检验后面两类模型是建立在整体模型适配度检验达到可接受程度的基础之上，否则进入下一个步骤：模型修正。严格来说，可以宣称模型失败。

（7）模型修正：当整体模型适配度指标没有达到可以接受的程度，依据理论假设以及所呈现的统计结果，将参数释放或固定，然后重新估计模型。这个过程是可以重复的，在理论允许的范围内，模型如果能够达到可以接受的范围，模型修正便可停止。

（8）解释：解释模型的统计结果。在统计结果呈现时，直接效果、间接效果与总效果，非标准化参数估计与标准化参数估计都会被牵涉其中。

5.3.3　内容效度

内容效度又称为表面效度，主要用于判断测量工具能否包括所要测量题项的全部内容。常用的统计方法无法判断内容效度，现有研究主要依靠研究者在构念的内涵上以及题项语义上进行判断。本书在借鉴国内外学者已有的研究成果的基础上，采用被大家广泛采用的问卷，在预调研阶段采取专家访谈、小规模访谈以及企业调研的方法对测量题项的语义清晰程度和所具有代表性进行评价。所以，问卷的内容效度能够得到保证。

5.3.4　收敛效度

收敛效度是指各测量变量内部题项之间的相互关联程度。若同一测量变量的内部题项之间的相互关联程度较高，则表明该测量变量的收敛效度较好。在采用结构方程模型验证模型的收敛效度时，Fornell 等（1981）等指出，测量模型还需满足以下条件：

第一，理论上，因子载荷（Factor Loading）需要满足大于 0.700 的标准，但是在验证性因子分析中 0.600~0.700 为可接受；

第二，平均方差萃取值（Average of Variance Extracted，AVE）代表因子（潜变量）与测量指标间的变异：若 AVE 指标值满足大于 0.500 的要求，则说明该测量变量量表的聚合效度较好；

第三，组成信度（Composite Reliability，CR）大于 0.700 即可，0.800以上则更为理想，但也不宜太高，比如 0.950 以上。

本节按照以上标准对各变量的收敛效度进行检验。

5.3.4.1　外部层面的顾客激励收敛效度

本节先对外部层面的顾客激励的一阶模型进行验证性因子分析，然后再构建二阶模型并进行验证。在外部层面顾客激励的测量模型中包括物质奖励和互惠关系两个构面。物质奖励构面的测量题项有三个，分别简称为 WZJL1、WZJL2 和 WZJL3；互惠关系构面的测量题项有三个，分别简称为 HHGX1、HHGX2 和 HHGX3。

首先，构建物质奖励的测量模型，如图 5-2 所示。物质奖励的量表共有 3 个题项，数据点数为 $3 \times (3+1)/2 = 6$，共估计 3 个残差、1 个变异数及 2 个因子载荷，一共有 $3+1+2=6$ 个待估计参数，根据 t 法则，自由度为 $6-6=0$，表明数据点数与待估计参数相等，模型过度识别，符合理论上模型正定的要求。

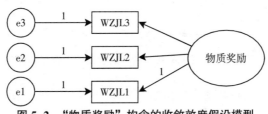

图 5-2 "物质奖励"构念的收敛效度假设模型

物质奖励的验证性因子分析结果如表 5-13 所示。物质奖励各个测量项目的残差均为正值，并达到了显著性水平；标准化因子载荷值符合大于 0.600 的标准，CR 指标值 = 0.780，符合 CR > 0.700 的标准； AVE 指标值 = 0.543，符合 AVE > 0.500 的标准，表明该模型具有良好的收敛效度。同时，在测量模型的适配度指标中，GFI 指标值 = 0.971，符合 GFI > 0.900 的标准；RMSEA 指标值 = 0.056，符合 RMSEA < 0.080 的要求。因此，以上数据表明该结构模型和样本数据的整体适配度较好，表明物质奖励测量模型的模型拟合也在可接受的范围之内。

表 5-13 物质奖励的验证性因子分析结果

		收敛效度						适配度指标				
		标准化因子载荷	C.R.	P	SMC	CR	AVE	χ^2	χ^2/df	GFI	AGFI	RM-SEA
物质奖励	WZJL1	0.739	—	***	0.543	0.780	0.543	—	—	0.971	—	0.056
	WZJL2	0.705	7.442	***	0.496							
	WZJL3	0.737	7.475	***	0.547							

其次，构建互惠关系的测量模型，如图5-3所示。互惠关系的量表共有3个题项，数据点数为 $3 \times (3 + 1) / 2 = 6$，共估计3个残差、1个变异数及2个因子载荷，一共有 $3 + 1 + 2 = 6$ 个待估计参数，根据t法则，自由度为 $6 - 6 = 0$，表明数据点数与待估计参数相等，符合理论上模型正定的要求。

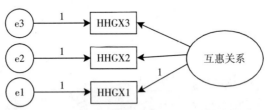

图5-3 "互惠关系"构念的收敛效度假设模型

互惠关系的验证性因子分析结果如表5-14所示。互惠关系各个测量项目的残差均为正值，并达到了显著水平；标准化因子载荷值符合大于0.600的标准，CR指标值=0.734，符合CR>0.700的标准；AVE指标值=0.507，符合AVE>0.500的标准，表明该模型具有良好的收敛效度。同时，在测量模型的适配度指标中，GFI指标值=0.902，符合GFI>0.900的标准；RMSEA指标值=0.058，恰好符合0.080的最低标准，满足要求。因此，以上数据说明结构模型和样本数据的整体适配度较好，表明互惠关系测量模型的模型拟合也在可接受的范围之内。

表5-14 互惠关系的验证性因子分析结果

		收敛效度						适配度指标				
		标准化因子载荷	C.R.	P	SMC	CR	AVE	χ^2	χ^2/df	GFI	AGFI	RM-SEA
互惠关系	HHGX1	0.703	—	***	0.567	0.734	0.507	—	—	0.902	—	0.058
	HHGX2	0.729	7.483	***	0.532							
	HHGX3	0.753	7.480	***	0.495							

最后，构建外部层面的顾客激励二阶测量模型，如图 5-4 所示。但是，二阶验证性因子分析只有两个一阶因子的情形属于识别不足，研究者无法单独执行二阶分析，但是可以由一阶两因素相关分析来判断，只要一阶因子相关在 0.5 以上，就表示可以用二阶取代一阶进行分析。基于此，构建物质奖励和互惠关系之间的相关分析模型，如图 5-5 所示。物质奖励和互惠关系之间的相关分析模型适配度指标如表 5-15 所示，GFI =

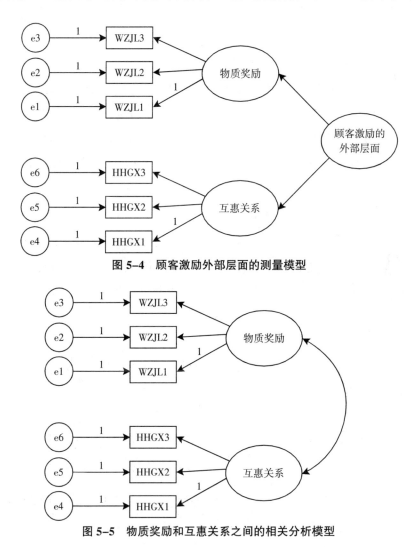

图 5-4　顾客激励外部层面的测量模型

图 5-5　物质奖励和互惠关系之间的相关分析模型

0.982，符合 GFI > 0.900 的标准；AGFI = 0.954，符合 AGFI > 0.800 的标准；RMSEA = 0.038，符合 RMSEA < 0.080 的最低标准。模型的适配度指标均达到要求。因此，可用二阶模型代替一阶模型进行分析。

表 5–15　物质奖励和互惠关系之间的相关分析模型适配度指标

估计参数	χ^2	χ^2/df	GFI	AGFI	RMSEA
适配标准		5.000	0.900	0.900	0.080
适配指标	18.224	2.278	0.982	0.954	0.038

5.3.4.2　内部层面的顾客激励收敛效度

本节先对内部层面的顾客激励的一阶模型进行验证性因子分析，然后对其二阶模型进行验证。在内部层面的顾客激励测量模型中包括自我效能感和自我胜任感两个构面。自我效能感的测量题项有三个，分别简称为 ZWXNG1、ZWXNG2 和 ZWXNG3；自我胜任感构面的测量题项有三个，分别简称为 ZWSRG1、ZWSRG2 和 ZWSRG3。

首先，构建自我效能感的测量模型，如图 5–6 所示。自我效能感的量表共有三个题项，数据点数为 $3 \times (3 + 1) / 2 = 6$，共估计 3 个残差、1 个变异数及 2 个因子载荷，一共有 $3 + 1 + 2 = 6$ 个待估计参数，根据 t 法则，自由度为 $6 - 6 = 0$，表明数据点数与待估计参数相等，符合理论上模型正定的要求。

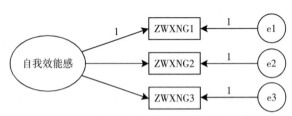

图 5–6　"自我效能感"构念收敛效度假设模型

自我效能感的验证性因子分析结果如表 5–16 所示。自我效能感各题项的标准化因子载荷均大于 0.600，残差均为正且达到显著性水平；组成信度（CR）为 0.838，符合 CR > 0.700 的标准；平均变异萃取量（AVE）为 0.617，符合 AVE > 0.500 的标准，表明该模型具有良好的收敛效度。同时，在测量模型的适配度指标中，GFI = 0.912，符合 GFI > 0.900 的标准；RMSEA = 0.075，恰好符合 RMSEA < 0.080 的最低标准。因此，以上数据说明该模型的适配度指标达到了本书前面所规定的要求，表明自我效能感测量模型的数据具有较好的拟合效果。

表 5–16　自我效能感的验证性因子分析结果

		收敛效度						适配度指标				
		标准化因子载荷	C.R.	P	SMC	组成信度	AVE	χ^2	χ^2/df	GFI	AGFI	RM–SEA
自我效能感	ZWXNG1	0.930	—	***	0.468	0.838	0.617	—	—	0.912	—	0.075
	ZWXNG2	0.657	7.725	***	0.431							
	ZWXNG3	0.684	7.920	***	0.865							

其次，构建自我胜任感的测量模型，如图 5–7 所示。自我胜任感的量表共有 3 个题项，数据点数为 3 × (3 + 1) /2 = 6，共估计 3 个残差、1 个变异数及 2 个因子载荷，一共有 3 + 1 + 2 = 6 个待估计参数，根据 t 法则，自由度为 6 – 6 = 0，表明数据点数等于待估计参数，符合理论上模型正定的要求。

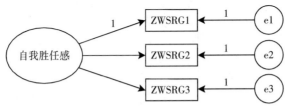

图 5–7　"自我胜任感"概念的收敛效度假设模型

自我胜任感的验证性因子分析结果如表 5–17 所示。自我胜任感各题项的标准化因子载荷均大于 0.600，残差均为正且达到显著性水平；组成信度（CR）为 0.747，符合 CR > 0.700 的标准；平均变异萃取量（AVE）

为 0.503，符合 AVE > 0.500 的标准，表明该模型收敛效度符合要求。同时，适配度指标 GFI = 0.926，符合 GFI > 0.900 的标准；RMSEA = 0.068，恰好符合 RMSEA < 0.080 的最低标准。因此，以上数据说明结构模型和样本数据的整体适配度较好，表明自我胜任感测量模型的模型拟合也在可接受的范围之内。

表 5-17　自我胜任感的验证性因子分析结果

		收敛效度						适配度指标				
		标准化因子载荷	C.R.	P	SMC	组成信度	AVE	χ^2	χ^2/df	GFI	AGFI	RM-SEA
自我胜任感	ZWSRG1	0.731	—	***	0.853	0.747	0.503	—	—	0.926	—	0.068
	ZWSRG2	0.686	8.951	***	0.470							
	ZWSRG3	0.923	9.190	***	0.534							

最后，构建内部层面顾客激励的二阶测量模型，如图 5-8 所示。但是，二阶验证性因子分析只有两个一阶因子的情形属于识别不足，研究者无法单独执行二阶分析，但是可以由一阶两因素相关分析来判断，只要一阶因子相关在 0.5 以上，就表示可以用二阶取代一阶进行分析。基于

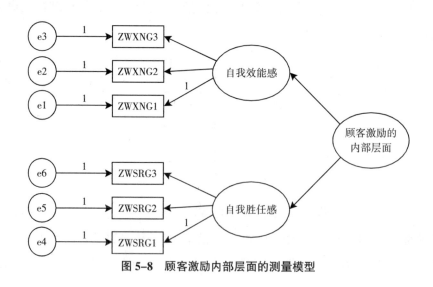

图 5-8　顾客激励内部层面的测量模型

此，构建自我效能感和自我胜任感之间的相关分析模型，如图 5-9 所示。自我效能感和自我胜任感之间的相关分析模型适配度指标如表 5-18 所示，$\chi^2/df = 3.044 < 5$；GFI = 0.960，符合 GFI > 0.900 的标准；AGFI = 0.896，符合 AGFI > 0.800 的标准；RMSEA = 0.064，符合 RMSEA < 0.080 的最低标准。以上数据说明结构模型和样本数据的整体适配度较好，模型拟合也在可接受的范围之内。因此，可用二阶模型代替一阶模型进行分析。

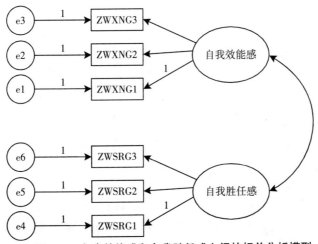

图 5-9　自我效能感和自我胜任感之间的相关分析模型

表 5-18　自我效能感和自我胜任感之间的相关分析模型适配度指标

估计参数	χ^2	χ^2/df	GFI	AGFI	RMSEA
适配标准		5.000	0.900	0.900	0.080
适配指标	24.356	3.044	0.960	0.896	0.064

5.3.4.3　顾客参与的收敛效度

由于顾客参与是一个二阶模型，因此，本节先对其一阶模型进行验证性因子分析。在顾客参与的测量模型中包括观念共识、知识共享和知识共创三个构面。观念共识构面的测量题项有三个，分别简称为 GNGS1、

GNGS2 和 GNGS3；知识共享构面的测量题项有三个，分别简称为 ZSGX1、ZSGX2 和 ZSGX3；知识共创构面的测量题项有四个，分别简称为 ZSGC1、ZSGC2、ZSGC3 和 ZSGC4。

首先，构建观念共识的测量模型，如图 5–10 所示。观念共识的量表共有 3 个题项，数据点数为 $3 \times (3 + 1) / 2 = 6$，共估计 3 个残差、1 个变异数及 2 个因子载荷，一共有 $3 + 1 + 2 = 6$ 个待估计参数，根据 t 法则，自由度为 $6 - 6 = 0$，表明数据点数等于待估计参数。因此，模型属于过度识别模型，符合理论上模型正定的要求。

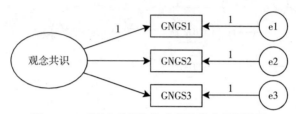

图 5–10　"观念共识"构念收敛效度假设模型

观念共识的验证性因子分析结果如表 5–19 所示。观念共识各题项的标准化因子载荷均大于 0.600，残差均为正且达到显著性水平；组成信度（CR）为 0.745，符合 CR > 0.700 的标准；平均变异萃取量（AVE）为 0.570，符合 AVE > 0.500 的标准，表明该模型具有良好的收敛效度。同时，在测量模型的适配度指标中，GFI = 0.973，符合 GFI > 0.900 的标准；RMSEA = 0.080，恰好符合 0.080 的最低标准。因此，以上数据说明结构模型和样本数据的整体适配度较好，模型拟合也在可接受的范围之内。

表 5–19　观念共识的验证性因子分析结果

		收敛效度						适配度指标				
		标准化因子载荷	C.R.	P	SMC	组成信度	AVE	χ^2	χ^2/df	GFI	AGFI	RM-SEA
观念共识	GNGS1	0.634	—	***	0.792	0.745	0.570	—	—	0.973	—	0.080
	GNGS2	0.740	8.816	***	0.548							
	GNGS3	0.890	8.730	***	0.402							

其次，构建知识共享的测量模型，如图 5-11 所示。知识共享的量表共有 5 个题项，数据点数为 $3 \times (3+1)/2 = 6$，共估计 3 个残差、1 个变异数及 2 个因子载荷，一共有 $3+1+2=6$ 个待估计参数，根据 t 法则，自由度为 $6-6=0$，表明数据点数等于待估计参数。因此，模型属于过度识别模型，符合理论上模型正定的要求。

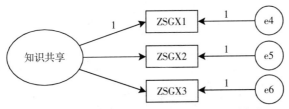

图 5-11 "知识共享"构念收敛效度假设模型

知识共享的验证性因子分析结果如表 5-20 所示。知识共享各个测量项目的残差均为正值，并达到了显著性水平；标准化因子载荷值均符合大于 0.600 的标准，组成信度（CR）指标值为 0.840，符合 CR > 0.700 的标准；平均变异萃取量（AVE）指标值为 0.562，符合 AVE > 0.500 的标准，表明该模型收敛效度符合要求。同时，适配度指标 GFI = 0.981，符合 GFI > 0.900 的标准；RMSEA = 0.080，恰好符合 0.080 的最低标准。因此，以上数据说明结构模型和样本数据的整体适配度较好，模型拟合也在可接受的范围之内。

表 5-20 知识共享的验证性因子分析结果

		收敛效度						适配度指标				
		标准化因子载荷	C.R.	P	SMC	组成信度	AVE	χ^2	χ^2/df	GFI	AGFI	RM-SEA
知识共享	ZSGX1	0.687	—	***	0.666	0.840	0.562	—	—	0.981	—	0.080
	ZSGX2	0.932	8.400	***	0.868							
	ZSGX3	0.816	9.153	***	0.472							

再次，构建知识共创的测量模型，如图 5-12 所示。知识共创的量表共有四个题项，数据点数为 $4 \times (4+1)/2 = 10$，共估计 4 个残差、1 个变异数及 3 个因子载荷，一共有 $4+1+3=8$ 个待估计参数，根据 t 法则，自由度为 $10-8=2>0$，表明数据点数大于待估计参数。因此，该模型属于过度识别模型，符合理论上模型正定的要求。

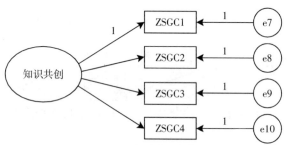

图 5-12　"知识共创"构念的收敛效度假设模型

知识共创的验证性因子分析结果如表 5-21 所示。知识共创各个测量题项的残差均为正值，并达到了显著性水平；标准化因子载荷均符合大于 0.600 的标准，组成信度（CR）为 0.882，符合 CR > 0.700 的标准；平均变异萃取量（AVE）为 0.675，符合 AVE > 0.500 的标准，表明该模型收敛效度符合要求。同时，适配度指标 $\chi^2/df = 5.012$；GFI = 0.921，符合 GFI > 0.900 的标准；AGFI = 0.843，符合 AGFI > 0.800 的标准；RMSEA = 0.080，恰好符合 0.080 的最低标准。因此，以上数据说明该模型的适配

表 5-21　知识共创的验证性因子分析结果

		收敛效度				组成信度	AVE	适配度指标				
		标准化因子载荷	C.R.	P	SMC	组成信度	AVE	χ^2	χ^2/df	GFI	AGFI	RM-SEA
知识共创	ZSGC1	0.642	—	***	0.460	0.882	0.675	10.24	5.012	0.921	0.843	0.080
	ZSGC2	0.599	6.322		0.362							
	ZSGC3	0.518	5.244	***	0.410							
	ZSGC4	0.645	8.244	***	0.412							

度指标达到了本书前面所规定的要求，表明知识共创测量模型数据的拟合效果在可接受的范围之内。

最后，构建顾客参与的二阶测量模型，如图 5–14 所示。但是，二阶验证性因子分析只有两个一阶因子的情形属于识别不足，研究者无法单独执行二阶分析，但是可以由一阶两因素相关分析来判断，只要一阶因子相关在 0.5 以上，就表示可以用二阶取代一阶进行分析。基于此，构建观念共识、知识共享和知识共创之间的相关分析模型，如图 5–14 所示。分析结果显示，观念共识、知识共享和知识共创之间的相关系数达到 0.56，大于 0.5。观念共识、知识共享和知识共创之间的相关分析模型适配度指标如表 5–22 所示，$\chi^2/df = 4.744 < 5$；$GFI = 0.950$，符合 $GFI > 0.900$ 的标准；$AGFI = 0.943$，符合 $AGFI > 0.800$ 的标准；$RMSEA = 0.041$，符合

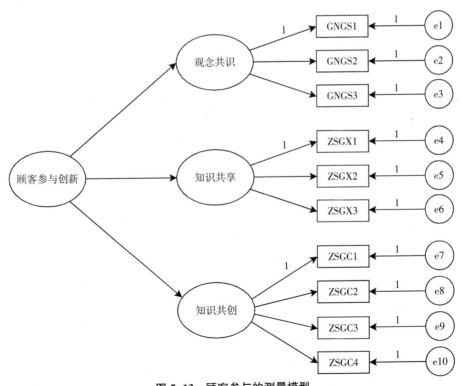

图 5–13　顾客参与的测量模型

RMSEA < 0.080 的最低标准。模型的适配度指标均达到要求。因此，可用二阶模型代替一阶模型进行分析。

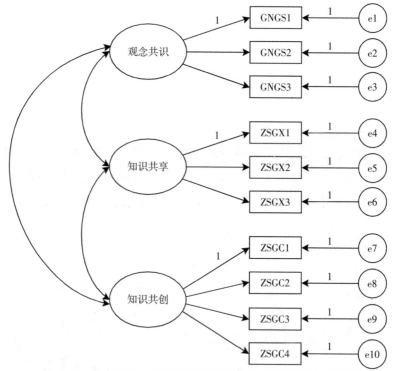

图 5-14　观念共识、知识共享和知识共创之间的相关分析模型

表 5-22　观念共识、知识共享和知识共创之间的相关分析模型适配度指标

估计参数	χ^2	χ^2/df	GFI	AGFI	RMSEA
适配标准		5.000	0.900	0.900	0.080
适配指标	151.811	4.744	0.950	0.943	0.041

5.3.4.4　服务创新绩效的收敛效度

服务创新绩效的测量题项有 3 个，分别简称为 FWCXJX1、FWCXJX2和 FWCXJX3。构建服务创新绩效的测量模型，如图 5-15 所示。服务创新绩效的量表共有 4 个题项，数据点数为 $3 \times (3 + 1) / 2 = 6$，共估计 3 个残差、1 个变异数及 2 个因子载荷，一共有 $3 + 1 + 2 = 6$ 个待估计参数，

根据 t 法则，自由度为 6 - 6 = 0，表明数据点数与待估计参数相等。因此，该模型属于过度识别模型，符合理论上模型正定的要求。

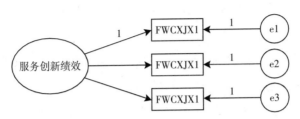

图 5-15 "服务创新绩效"构念的收敛效度假设模型

服务创新绩效的验证性因子分析结果如表 5-23 所示。服务创新绩效各个测量项目的残差均为正值，并达到了显著性水平；标准化因子载荷符合大于 0.600 的标准，组成信度（CR）为 0.732，符合 CR > 0.700 的标准；平均变异萃取量（AVE）为 0.647，符合 AVE > 0.500 的标准，表明该模型收敛效度符合要求。同时，适配度指标 GFI = 0.895；RMSEA = 0.080，恰好符合等于 0.080 的最低标准。因此，以上数据说明该模型的适配度指标达到了本书前面所规定的要求，表明服务创新绩效测量模型的数据有较好的拟合效果。

表 5-23 服务创新绩效的验证性因子分析结果

		收敛效度						适配度指标				
		标准化因子载荷	C.R.	P	SMC	组成信度	AVE	χ^2	χ^2/df	GFI	AGFI	RM-SEA
服务创新绩效	FWCXJX1	0.807	—	***	0.700	0.732	0.647	—	—	0.895	—	0.080
	FWCXJX2	0.856	12.084	***	0.733							
	FWCXJX3	0.837	11.947	***	0.651							

5.3.5　区分效度

在实证研究中，区分效度用于检验不同变量之间的各个构面所代表的潜在特质之间是否相关或者是否存在显著差异。根据 Bock 等（2005）

的建议，采用验证性因子分析的方法，对研究中涉及的八个变量，包括物质奖励、互惠关系、自我效能感、自我胜任感、观念共识、知识共享、知识共创和服务创新绩效，从而构建八因子模型进行分析，分析结果如表 5-24 所示，八因子模型的适配度指标中 χ^2 为 356.117，χ^2/df 的值为 1.442，符合 $\chi^2/df < 5$，RMSEA = 0.048，符合 RMSEA < 0.08 的标准，且 TLI 和 CFL ≥ 0.9。

为了进一步验证八因子模型的数据拟合程度和适配度指标是否最佳，接下来将任意两个变量的测量项目进行合并，构建五因子验证性因子分析模型，并将五因子模型的适配度指标与八因子模型进行对比。首先，将观念共识、知识共享和知识共创与物质奖励进行合并，从而构建五因子分析模型进行分析，分析结果如表 5-24 所示。通过数据对比发现，八因子模型的拟合程度明显好于将观念共识、知识共享和知识共创与物质奖励进行合并的五因子模型。

表 5-24　各变量之间的区分效度验证性因子分析结果

模型	χ^2	df	χ^2/df	RMSEA	TLI	CFI
八因子模型	356.117	247	1.442	0.048	0.945	0.955
五因子模型 [1]	833.712	264	3.158	0.102	0.799	0.822
五因子模型 [2]	899.712	264	3.408	0.108	0.775	0.801
五因子模型 [3]	868.032	264	3.288	0.404	0.792	0.816
五因子模型 [4]	1053.624	264	3.991	0.120	0.721	0.746
五因子模型 [5]	—	264	—	0.207	—	—
单因子模型 [6]	1093.534	274	3.991	0.120	0.721	0.746
零模型 [7]	788.834	275	2.868	0.100	0.769	0.788

注：八因子模型中，所有测量变量之间两两相关；①观念共识、知识共享和知识共创与物质奖励进行合并；②观念共识、知识共享和知识共创与互惠关系进行合并；③观念共识、知识共享和知识共创与自我效能感进行合并；④观念共识、知识共享和知识共创与自我胜任感进行合并；⑤观念共识、知识共享和知识共创与服务创新绩效进行合并；⑥单因子模型中，将所有项目归属于同一个潜在因子；⑦零模型中，所有测量项目之间没有关系。

同理，分别将观念共识、知识共享和知识共创与互惠关系进行合并；观念共识、知识共享和知识共创与自我效能感进行合并；观念共识、知识共享和知识共创与自我胜任感进行合并；观念共识、知识共享和知识共创与服务创新绩效进行合并，从而构建其余 4 个五因子模型进行分析，分析结果如表 5-24 所示。最后，将八个变量进行合并，构建单因子验证性因子分析模型。根据表 5-24 的分析结果表明，八因子模型的数据拟合程度明显优于各五因子模型及单因子模型，表明模型中各变量之间的区分效度较好。

5.4 多元线性回归分析

5.4.1 多元线性回归分析概述

由于涉及自变量（物质奖励、互惠关系、自我效能感和自我胜任感）与因变量（服务创新绩效）的主效应检验，中介变量（观念共识、知识共享和知识共创）的中介效应检验，因此，选取多元线性回归分析方法，构建了包括自变量、因变量、中介变量和控制变量在内的多元线性回归方程，运用 SPSS 19.0 统计分析软件，对前文中所提出的假设进行验证。但是，在进行多元回归分析之前，需要计算物质奖励、互惠关系、自我效能感、自我胜任感、观念共识、知识共享、知识共创、服务创新绩效及相关控制变量的相关系数，考察各变量间是否存在显著的相互关系，并将其作为多元线性回归分析的基础。

5.4.1.1 主效应的检验

主效应涉及物质奖励、互惠关系、自我效能感和自我胜任感四个自变量对服务创新绩效的影响，首先将自变量物质奖励、互惠关系、自我效能感和自我胜任感分别设为 x_1、x_2、x_3、x_4，因变量服务创新绩效设为 y，则主效应的关系模型如图 5-16 所示。

根据关系模型，构建了标准化的回归方程，如式（5-1）所示。

$$y = \beta_1 x_1 + \beta_2 x_2 + \beta_3 x_3 + \beta_4 x_4 + \varepsilon \tag{5-1}$$

式中：β_1、β_2、β_3、β_4 分别代表了 x_1、x_2、x_3、x_4 对 y 的影响程度。

根据式（5-1）及问卷调查数据，运用 SPSS 19.0 对 β_1、β_2、β_2 值及其显著性程度进行计算，以检验自变量对因变量的影响程度。

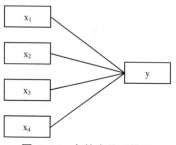

图 5-16　主效应关系模型

5.4.1.2　中介效应的检验

所谓中介效应就是指自变量借助某个变量对因变量产生影响效果，即自变量（x）对因变量（y）是通过中介变量（me）产生的。在概念模型中，中介变量的意义在于揭示自变量对因变量影响路径和作用机理。将检验观念共识、知识共享和知识共创是否在自变量（物质奖励、互惠关系、自我效能感和自我胜任感）与因变量（服务创新绩效）的关系间起到中介作用。将观念共识、知识共享和知识共创分别设为 $me1$、$me2$ 和 $me3$，则中介效应的关系模型如图 5-17 所示。

根据关系模型并结合 Baron 等（1995）提出的回归方法，由此可以构建标准化的回归方程，如式（5-2）所示。

$$me1 = i_1 + a_1 X + \varepsilon_1$$

$$me2 = i_2 + a_2 X + \varepsilon_2$$

$$me3 = i_3 + a_3 X + \varepsilon_3$$

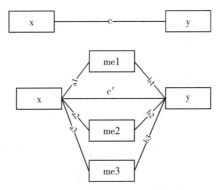

图 5-17　中介效应关系模型

$$Y = i_4 + cX + \varepsilon_4$$
$$Y = i_5 + c'X + bme + \varepsilon_5 \qquad\qquad (5-2)$$

式中：自变量 X 指物质奖励、互惠关系、自我效能感和自我胜任感中的其中一个变量；a_1、a_2、a_3、b_1、b_2、c、c'为回归系数，i_1、i_2、i_3、i_4、i_5 为回归方程常数项，ε_1、ε_2、ε_3、ε_4、ε_5 为回归方程误差项。

采用 Baron 和 Kenny（1986）提出的广泛采用的多层回归模型（Hierarchical Regression Analysis）对研究假设进行检验。借鉴 Baron 和 Kenny（1986）的研究成果，对于检验中介效应的方法步骤为：首先，检验自变量（x）对因变量（y）产生的影响作用是否显著；其次，检验自变量（x）对中介变量（me）的影响作用；最后，将自变量（x）和中介变量（me）同时代入回归模型，检验自变量（x）和中介变量（me）对因变量（y）产生的整体影响作用。

根据 Jackson（2003）的建议，中介效应必须满足以下几个条件：

（1）自变量对因变量存在显著影响，如果自变量对因变量的影响作用的检验结果为不显著，那么结束整个检验过程，即进行中介效应检验的前提条件是自变量和因变量存在相对显著的影响关系。

（2）自变量和中介变量之间具有显著的影响关系。

（3）中介变量和因变量之间具有显著的影响关系，并且将自变量和中介变量同时代入回归方程对因变量进行解释时，若中介效应为部分中介，则会伴随着中介变量的影响效应显著，自变量的影响效应减小；若中介效应为完全中介，则会伴随着中介变量的影响效应显著，自变量的影响效应消失。

5.4.2　Bootstrap 再抽样技术

尽管 Baron 和 Kenny（1986）的中介效应检验标准已经被广泛地运用，但其仍然存在着没有检验中介效应显著性的不足和局限。有关中介效应显著性的检验，传统上最常用的方法是使用 Sobel 检验。但是，Sobel 检验仅能检验只有一个中介变量的回归模型，然而在社会研究过程中可能会遇到中介变量不止一个的多重中介作用，而检验多重中介显著性水平，较好的办法是采用 Bootstrap 方法（Preacher & Hayes，2008）。

Bootstrap 再抽样技术是指利用重复抽取的样本数据进而计算所抽取的样本统计量并估计样本分布，是非参数统计方法。Bootstrap 再抽样技术只会对样本均值的标准误差产生一定的影响而不会对样本的均值产生任何影响作用。

Bootstrap 再抽样技术步骤为：首先，采用重复抽取的方法，从原始样本中抽取一定数量的样本，抽取的样本数量由研究者决定；其次，根据抽取的样本进而计算统计量；再次，重复抽样 n 次（一般大于或者等于 1000）进而得到 n 个统计量；最后，计算这 n 个统计量的样本分布，从而得到统计量的分布并估计该统计量的标准误差和置信区间。在接下来的重抽样过程中，将重复抽样的次数确定为 1000 次。

有关使用 Bootstrap 方法检验多重中介的显著性水平，采用由 Preacher 等（2004）提出的 Bootstrap 再抽样技术，而且还开发了 SPSS 的 Syntax 程序检验（PROCESS），这个 Syntax 程序检验比 Sobel 检验更具功效，能够使研究者可以更有效地开展多重中介的研究，并能够帮助研究者清晰地比较各个中介效应的强度。

5.4.3 相关性分析

在进行回归分析之前，首先要对本书模型所涉及的变量两两之间进行相关性分析，并进一步描述分析各变量的均值和方差。相关性分析是用于衡量两个变量之间密切程度的统计方法，在进行相关性分析之前首先要判定待分析的变量之间具有一定的联系，若变量之间没有联系则不能进行相关性分析；若两个变量之间存在一定的联系，则可以对两个及其以上具有相关性的变量进行分析。

本书所涉及的各变量之间的相关性分析结果如表 5-25 所示。从表 5-25 中可以看出，自变量物质奖励、互惠关系、自我效能感、自我胜任感与服务创新绩效呈现出显著的正相关关系（$r = 0.269$，$p < 0.010$；$r = 0.325$，$p < 0.010$；$r = 167$，$p < 0.050$；$r = 0.322$，$p < 0.010$）；自变量物质奖励、互惠关系、自我效能感、自我胜任感与中介变量观念共识正向相关（$r = 0.285$，$p < 0.010$；$r = 0.125$，$p < 0.050$；$r = 0.105$，$p < 0.050$；$r = 0.223$，$p < 0.010$）；自变量物质奖励、互惠关系、自我效能感、自我胜任感与中介变量知识共享正向相关（$r = 0.352$，$p < 0.010$；$r = 0.379$，$p < 0.010$；$r = 0.219$，$p < 0.010$；$r = 0.207$，$p < 0.010$）；自变量物质奖励、互惠关系、自我效能感、自我胜任感与中介变量知识共创正向相关（$r = 0.333$，$p < 0.010$；$r = 0.368$，$p < 0.010$；$r = 0.226$，$p < 0.010$；$r = 0.245$，$p < 0.010$）；观念共识、知识共享和知识共创与服务创新绩效呈现出显著的正相关关系（$r = 0.294$，$p < 0.010$；$r = 0.385$，$p < 0.010$；$r = 0.372$，$p < 0.010$）。如上所述，上述回归性分析结果和本书提出的研究假设具有一致性，为下一步假设验证提供了相应的依据。在下一节的数据分析中，将采用多元回归分析的方法对第 3 部分所提出的研究假设进行进一步的验证。

此外，虽然各个变量之间存在较强的相关关系，但是相关系数并没有大于 0.700。因此，各个变量之间不存在共线性的威胁。

表 5-25　变量相关性分析结果

变量	均值	标准差	1	2	3	4	5	6	7	8	9	10	11
1. 企业年限	9.975	5.920	1										
2. 企业规模	2.751	0.903	0.014	1									
3. 产权性质	0.439	0.498	-0.003	0.280**	1								
4. 物质奖励	3.081	0.697	0.099	0.035	-0.078	1							
5. 互惠关系	3.446	0.689	-0.113	0.114	0.124	0.318**	1						
6. 自我效能感	3.496	0.676	-0.081	0.011	0.077	0.133*	0.113*	1					
7. 自我胜任感	3.286	0.714	-0.020	-0.005	-0.041	0.129*	0.236**	0.640**	1				
8. 观念共识	3.356	0.709	-0.042	0.026	-0.034	0.285**	0.125*	0.105*	0.223**	1			
9. 知识共享	3.587	0.671	-0.035	-0.015	-0.033	0.352**	0.379**	0.219**	0.207**	0.143*	1		
10. 知识共创	3.517	0.699	-0.122	0.022	0.009	0.333**	0.368**	0.226**	0.245**	0.236**	0.831**	1	
11. 服务创新绩效	3.395	0.780	-0.103	-0.011	0.049	0.269**	0.325**	0.167*	0.322**	0.294**	0.385**	0.372**	1

注: n=210; **p<0.01, *p<0.05。

5.4.4　主效应分析

假设 1、假设 2、假设 3 和假设 4 分别提出了物质奖励、互惠关系、自我效能感和自我胜任感对服务创新绩效具有显著的正相关关系。下面我们对上述假设进行验证。

首先，将服务创新绩效设为因变量；其次，加入控制变量（企业年限、企业规模和产权类型），构建模型 7；最后，将自变量（物质奖励、互惠关系、自我效能感和自我胜任感）代入回归方程中，构建模型 8。从而得到回归分析的结果，如表 5-26 模型 8 所示。表 5-26 的模型 8 反映出自变量（物质奖励、互惠关系、自我效能感和自我胜任感）与因变量（服务创新绩效）之间的关系，整体效果的 F 值（F = 125.958，p < 0.001）显著，表明模型的解释力度较好。同时，模型 7 的结果表明，物质奖励（模型 8，β = 0.127，p < 0.05）、互惠关系（模型 8，β = 0.182，p < 0.01）和自我胜任感（模型 8，β = 0.616，p < 0.001）均对服务创新绩效具有显著的正向影响作用，而自我效能感（模型 8，β = 0.045）对服务创新绩效的正向影响并不显著。如上所述，假设 1、假设 2、假设 3 和假设 4 均得到了相关数据的支持，也为进一步分析顾客参与创新（观念共识、知识共享和知识共创）的中介效应奠定了基础。

5.4.5　中介效应分析

5.4.5.1　检验顾客参与在自变量（物质奖励、互惠关系、自我效能感和自我胜任感）与因变量（服务创新绩效）之间所起到的中介作用

首先，验证观念共识在自变量（物质奖励、互惠关系、自我效能感和自我胜任感）与因变量（服务创新绩效）之间的中介效应。具体过程主要分为以下两步：第一步，将观念共识设为因变量，并且加入企业年限、企业规模和企业产权类型等控制变量，构建模型 1；第二步，在模型 1 的基础上，将自变量（物质奖励、互惠关系、自我效能感和自我胜任

表5-26 主效应及中介效应假设检验结果

	观念共识		知识共享		知识共创				服务创新绩效			
	模型1	模型2	模型3	模型4	模型5	模型6	模型7	模型8	模型9	模型10	模型11	模型12
控制变量												
企业年限	-0.018	-0.059	-0.027	-0.008	0.008	0.021	-0.043	-0.031	-0.014	0.007	-0.009	-0.055
企业规模	-0.068	-0.017	-0.084	-0.097	-0.005	-0.017	-0.031	-0.038	-0.040	-0.035	0.018	-0.025
产权性质	-0.004	-0.053	0.001	0.022	-0.074	-0.057	-0.043	-0.032	-0.014	0.027	-0.029	0.027
自变量												
物质奖励		0.232***		0.306***		0.183*		0.127*	0.060			
互惠关系		0.331***		0.297***		0.270***		0.182**	0.106			
自我效能感		0.057*		0.012		0.015		0.045	0.038			
自我胜任感		0.346***		0.354***		0.468***		0.616***	0.530***			
中介变量												
观念共识									0.141***	0.815***		
知识共享									0.130***		0.845***	
知识共创									0.020***			0.810***
R^2	0.005	0.765	0.008	0.854	0.006	0.796	0.005	0.814	0.821	0.664	0.713	0.651
F值	0.362	93.746***	0.536	168.849***	0.396	112.326***	0.374	125.958***	90.975***	101.108***	127.414***	95.728***
调整后 R^2	-0.009	0.756	-0.007	0.849	-0.009	0.789	-0.009	0.807	0.812	0.657	0.708	0.645

注：n=210；***p<0.001，**p<0.01，*p<0.05。

感）代入回归方程，构建模型 2 来检验物质奖励、互惠关系、自我效能感、自我胜任感与观念共识的关系，层次回归分析结果如表 5-26 所示的模型 2。表 5-26 模型 2 反映了物质奖励、互惠关系、自我效能感、自我胜任感与观念共识之间的关系，结果表明物质奖励（模型 2，β = 0.232，p < 0.001）、互惠关系（模型 2，β = 0.331，p < 0.001）、自我效能感（模型 2，β = 0.057，p < 0.050）、自我胜任感（模型 2，β = 0.346，p < 0.001）对观念共识正向影响显著。因此，假设 5、假设 6、假设 12、假设 13 均得到了相关数据的验证。

其次，验证知识共享在自变量（物质奖励、互惠关系、自我效能感和自我胜任感）与因变量（服务创新绩效）之间的中介效应。第一步，将知识共享设为因变量，并且加入企业年限、企业规模和产权类型等控制变量，构建模型 3；第二步，在模型 3 的基础上，将自变量（物质奖励、互惠关系、自我效能感和自我胜任感）代入回归方程，构建模型 4 来检验物质奖励、互惠关系、自我效能感、自我胜任感与知识共享的关系，层次回归分析结果如表 5-26 所示的模型 4。表 5-26 模型 4 反映了物质奖励、互惠关系、自我效能感、自我胜任感与知识共享之间的关系，结果表明物质奖励（模型 4，β = 0.306，p < 0.001）、互惠关系（模型 4，β = 0.297，p < 0.001）、自我胜任感（模型 4，β = 0.354，p < 0.001）对知识共享均具有显著的正向影响，而自我效能感（模型 4，β = 0.012）对知识共享有正向影响但是并不显著。因此，假设 7、假设 9、假设 15 均得到数据支持，假设 13 未得到验证。

最后，验证知识共创在自变量（物质奖励、互惠关系、自我效能感和自我胜任感）与因变量（服务创新绩效）之间所起到的中介作用。第一步，将知识共创设为因变量，加入控制变量（企业年限、企业规模和产权类型），构建模型 5；第二步，在模型 5 的基础上，将自变量（物质奖励、互惠关系、自我效能感和自我胜任感）代入回归方程，构建模型 6 来检验物质奖励、互惠关系、自我效能感、自我胜任感与知识共创的关系，层次回归分析结果如表 5-26 所示的模型 6。表 5-26 模型 6 反映了物质奖励、互惠关系、自我效能感、自我胜任感与知识共创之间的关系，结果表明物质奖励（模型 6，$\beta = 0.183$，$p < 0.050$）、互惠关系（模型 6，$\beta = 0.270$，$p < 0.001$）、自我胜任感（模型 6，$\beta = 0.468$，$p < 0.001$）对知识共创均具有显著的正向影响而自我效能感（模型 6，$\beta = 0.015$）对知识共创有正向影响，但是并不显著。因此，假设 8、假设 10、假设 16 的验证均得到了数据的支持，但假设 14 的验证没有得到数据支持。

5.4.5.2 检验将自变量（物质奖励、互惠关系、自我效能感、自我胜任感）和中介变量（观念共识、知识共享、知识共创）同时加入回归方程时，分析自变量和中介变量对因变量（服务创新绩效）的影响

在模型 8 的基础上，将中介变量（观念共识、知识共享、知识共创）放入回归方程，构建了模型 9，层次回归的结果列在表 5-24 中。回归分析结果表明，在加入了中介变量（观念共识、知识共享、知识共创）后，自变量（物质奖励）对因变量（服务创新绩效）的影响（$\beta = 0.230$）变为不显著；自变量（互惠关系）对因变量（服务创新绩效）的影响（$\beta = 0.106$）变为不显著；自变量（自我效能感）对因变量（服务创新绩效）的影响（$\beta = 0.038$）仍为不显著，但是正向影响程度变小；自变量（自我胜任感）对因变量（服务创新绩效）的影响显著减小（$\beta = 0.530$ 小于模型 8 回归系数 $\beta = 0.616$）。因此，中介变量（观念共识、知识共享和知识共创）在自变量（自我效能感、自我胜任感）与因变量（服务创新绩效）之间起着部分中介的作用，中介变量（观念共识、知识共享和知识共创）在自变量（物质奖励、互惠关系）与因变量（服务创新绩效）之间关系完全中介的作用。假设 20a、假设 20b、假设 20d、假设 21a、假设 21b、假设 21d，以及 22a、假设 22b、假设 22d 得到了数据的支持，假设 20c、假设 21c 和假设 22c 并未得到数据支持。

同时，中介变量观念共识（模型 10，$\beta = 0.815$，$p < 0.001$）对服务创新绩效的影响显著；中介变量知识共享（模型 11，$\beta = 0.845$，$p < 0.001$）

对服务创新绩效的影响显著；中介变量知识共创（模型 12，β = 0.810，p < 0.001）对服务创新绩效的影响显著。假设 17、假设 18、假设 19 得到了数据的支持。

5.4.6 中介效应显著性水平分析

5.4.6.1 观念共识、知识共享和知识共创在物质奖励和服务创新绩效之间的中介效应显著性 Bootstrap 结果

采用 PROCESS 程序对观念共识、知识共享和知识共创的中介效应的显著性水平进行检验，利用 210 份样本数据进行 1000 次 Bootstrap 再抽样分析，得到的检验结果如表 5-27 所示。由表 5-27 中 95% 置信区间可知，观念共识的中介效应的 95% 置信区间的下限 = 0.1329，上限 = 0.3648，置信区间不包含 0。因此，观念共识中介效应显著不等于 0，拒绝原假设（H_0：$a_1 \times b_1 = 0$），接受备选假设（H_1：$a_1 \times b_1 \neq 0$）。

表 5-27 中介效应显著性 Bootstrap 结果

变量	观念共识	知识共享	知识共创	服务创新绩效	标准差	95%置信区间（下限，上限）	
物质奖励 a_1	0.8815	—	—	—	0.0416	0.7995	0.9636
物质奖励 a_2	—	0.9038	—	—	0.0339	0.8370	0.9706
物质奖励 a_3	—	—	0.9121	—	0.0420	0.8294	0.9948
观念共识 b_1	—	—	—	0.2834	0.0677	0.1498	0.4169
知识共享 b_2	—	—	—	0.3660	0.0862	0.1960	0.5360
知识共创 b_3	—	—	—	0.1388	0.0719	0.0029	0.2805
C = K + Q（总效应）				0.9515	0.0436	0.8655	1.0375
K（直接效应）				0.2443	0.0889	0.0690	0.4196
$a_1 \times b_1$（观念共识的中介效应）				0.2498	0.0604	0.1329	0.3648
$a_2 \times b_2$（知识共享的中介效应）				0.3308	0.0834	0.1747	0.5079
$a_3 \times b_3$（知识共创的中介效应）				0.1266	0.0673	0.0058	0.2583

同理，知识共享的中介效应的 95% 置信区间的下限 = 0.1747，上限 = 0.5079，置信区间不包含 0。因此，知识共享中介效应显著不等于 0，拒绝原假设（H_0：$a_2 \times b_2 = 0$），接受备选假设（H_1：$a_2 \times b_2 \neq 0$）。

知识共创的中介效应的 95% 置信区间的下限 = 0.0058，上限 = 0.2583，置信区间不包含 0。因此，知识共创中介效应显著不等于 0，拒绝原假设（H_0：$a_3 \times b_3 = 0$），接受备选假设（H_1：$a_3 \times b_3 \neq 0$）。

因此，假设 20a、假设 21a 和假设 22a 得到了数据的进一步支持。

5.4.6.2 观念共识、知识共享和知识共创在互惠关系和服务创新绩效之间的中介效应显著性 Bootstrap 结果

采用 PROCESS 程序对观念共识、知识共享和知识共创的中介效应的显著性水平进行检验，利用 210 份样本数据进行 1000 次 Bootstrap 再抽样分析，得到的检验结果如表 5-28 所示。由表 5-28 中 95% 置信区间可知，观念共识的中介效应的 95% 置信区间的下限 = 0.1227，上限 = 0.3372，置信区间不包含 0。因此，观念共识中介效应显著不等于 0，拒绝原假设（H_0：$a_1 \times b_1 = 0$），接受备选假设（H_1：$a_1 \times b_1 \neq 0$）。

表 5-28　中介效应显著性 Bootstrap 结果

变量	观念共识	知识共享	知识共创	服务创新绩效	标准差	95% 置信区间（下限，上限）	
互惠关系 a_1	0.8435	—	—	—	0.0384	0.7678	0.9192
互惠关系 a_2	—	0.8542	—	—	0.0322	0.7908	0.9176
互惠关系 a_3	—	—	0.8842	—	0.0376	0.8083	0.9565
观念共识 b_1	—	—	—	0.2673	0.0677	0.1339	0.4008
知识共享 b_2	—	—	—	0.3569	0.0836	0.1920	0.5218
知识共创 b_3	—	—	—	0.1103	0.0729	0.0334	0.2541
C = K + Q（总效应）				0.9125	0.0400	0.8337	0.9912
K（直接效应）				0.2848	0.0866	0.1139	0.4556
$a_1 \times b_1$（观念共识的中介效应）				0.2255	0.0556	0.1227	0.3372
$a_2 \times b_2$（知识共享的中介效应）				0.3048	0.0803	0.1493	0.4737
$a_3 \times b_3$（知识共创的中介效应）				0.0974	0.0660	0.0466	0.2203

同理，知识共享的中介效应的 95% 置信区间的下限 = 0.1493，上限 = 0.4737，置信区间不包含 0。因此，知识共享中介效应显著不等于 0，拒绝原假设（H_0：$a_2 \times b_2 = 0$），接受备选假设（H_1：$a_2 \times b_2 \neq 0$）。

知识共创的中介效应的 95% 置信区间的下限 = 0.0466，上限 = 0.2203，置信区间不包含 0。因此，知识共创中介效应显著不等于 0，拒绝原假设（H_0：$a_3 \times b_3 = 0$），接受备选假设（H_1：$a_3 \times b_3 \neq 0$）。

因此，假设 20b、假设 21b 和假设 22b 得到了数据的进一步支持。

5.4.6.3 观念共识、知识共享和知识共创在自我效能感和服务创新绩效之间的中介效应显著性 Bootstrap 结果

采用 PROCESS 程序对观念共识、知识共享和知识共创的中介效应的显著性水平进行检验，利用 210 份样本数据进行 1000 次 Bootstrap 再抽样分析，得到的检验结果如表 5-29 所示。由表 5-29 中 95% 置信区间可知，观念共识的中介效应的 95% 置信区间的下限 = -0.0683，上限 = 0.1527，置信区间包含 0。因此，观念共识中介效应等于 0，接受原假设（H_0：$a_1 \times b_1 = 0$），拒绝备选假设（H_1：$a_1 \times b_1 \neq 0$）。

表 5-29 中介效应显著性 Bootstrap 结果

变量	观念共识	知识共享	知识共创	服务创新绩效	标准差	95%置信区间（下限，上限）	
自我效能感 a_1	0.1017	—	—		0.1776	-0.2485	0.4518
自我效能感 a_2	—	-0.0846	—		0.1711	-0.4220	0.2528
自我效能感 a_3	—	—	-0.0420		0.1824	-0.4016	0.3176
观念共识 b_1	—	—	—	0.3418	0.0653	0.2131	0.4706
知识共享 b_2	—	—	—	0.4881	0.0761	0.3380	0.6383
知识共创 b_3	—	—	—	0.1820	0.0714	0.0411	0.3228
$C = K + Q$（总效应）				0.0391	0.1901	-0.3356	0.4139
K（直接效应）				0.0533	0.0921	-0.1283	0.2349
$a_1 \times b_1$（观念共识的中介效应）				0.0348	0.0570	-0.0683	0.1527
$a_2 \times b_2$（知识共享的中介效应）				-0.0413	0.0771	-0.1935	0.1072
$a_3 \times b_3$（知识共创的中介效应）				-0.0076	0.0341	-0.0895	0.0502

同理，知识共享的中介效应的 95% 置信区间的下限 = −0.1935，上限 = 0.1072，置信区间包含 0。因此，知识共享中介效应等于 0，接受原假设（H_0：$a_2 \times b_2 = 0$），拒绝备选假设（H_1：$a_2 \times b_2 \neq 0$）。

知识共创的中介效应的 95% 置信区间的下限 = −0.0895，上限 = 0.0502，置信区间包含 0。因此，观念共识中介效应等于 0，接受原假设（H_0：$a_3 \times b_3 = 0$），拒绝备选假设（H_1：$a_3 \times b_3 \neq 0$）。

因此，假设 20c、假设 21c 和假设 22c 仍未得到数据的支持。

5.4.6.4 观念共识、知识共享和知识共创在自我胜任感和服务创新绩效之间的中介效应显著性 Bootstrap 结果

采用 PROCESS 程序对观念共识、知识共享和知识共创的中介效应的显著性水平进行检验，利用 210 份样本数据进行 1000 次 Bootstrap 再抽样分析，得到的检验结果如表 5–30 所示。由表 5–30 中 95% 置信区间可知，观念共识的中介效应的 95% 置信区间的下限 = 0.0767，上限 = 0.2791，置信区间不包含 0。因此，观念共识中介效应显著不等于 0，拒绝原假设（H_0：$a_1 \times b_1 = 0$），接受备选假设（H_1：$a_1 \times b_1 \neq 0$）。

表 5–30 中介效应显著性 Bootstrap 结果

变量	观念共识	知识共享	知识共创	服务创新绩效	标准差	95%置信区间（下限，上限）	
自我胜任感 a_1	0.8598	—	—	—	0.0385	0.7839	0.9357
自我胜任感 a_2	—	0.8796	—	—	0.0309	0.8188	0.9405
自我胜任感 a_3	—	—	0.9162	—	0.0356	0.8460	0.9864
观念共识 b_1	—	—	—	0.2007	0.0622	0.0781	0.3233
知识共享 b_2	—	—	—	0.2141	0.0789	0.0586	0.3697
知识共创 b_3	—	—	—	0.0047	0.0693	0.1319	0.1413
C = K + Q（总效应）				0.9744	0.0346	0.9063	10.0426
K（直接效应）				0.6092	0.0883	0.4351	0.7833
$a_1 \times b_1$（观念共识的中介效应）				0.1726	0.0500	0.0767	0.2791
$a_2 \times b_2$（知识共享的中介效应）				0.1884	0.0768	0.0266	0.3257
$a_3 \times b_3$（知识共创的中介效应）				0.0043	0.0680	0.1439	0.1348

同理,知识共享的中介效应的 95% 置信区间的下限 = 0.0266,上限 = 0.3257,置信区间不包含 0。因此,知识共享中介效应显著不等于 0,拒绝原假设（H_0：$a_2 \times b_2 = 0$）,接受备选假设（H_1：$a_2 \times b_2 \neq 0$）。

知识共创的中介效应的 95% 置信区间的下限 = 0.1439,上限 = 0.1348,置信区间不包含 0。因此,知识共创中介效应显著不等于 0,拒绝原假设（H_0：$a_3 \times b_3 = 0$）,接受备选假设（H_1：$a_3 \times b_3 \neq 0$）。

因此,假设 20d、假设 21d 和假设 22d 得到了数据的进一步支持。

5.5 假设检验结果汇总

基于国内服务型制造企业所获得的 210 份样本数据,采用统计分析方法验证了本书前面提出的概念模型和研究假设,实证结果表明,在所提出的 31 个研究假设中,25 个假设通过了检验,有 6 个研究假设没有通过验证,这表明所研究的问题得到了很好的回应,初步实现了本书的研究目标。研究假设验证情况汇总如表 5-31 所示。

表 5-31 研究假设检验结果汇总

研究假设	假设内容	假设检验结果
H1	物质激励对企业的服务创新绩效具有正向影响	支持
H2	互惠关系对企业的服务创新绩效具有正向影响	支持
H3	顾客的自我效能感与企业的服务创新绩效具有正向影响	不支持
H4	顾客的自我胜任感与企业的服务创新绩效具有正向影响	支持
H5	物质奖励可以有效促进顾客与企业创新观念达成共识	支持
H6	互惠关系可以有效促进顾客与企业创新观念达成共识	支持
H7	物质奖励对企业和顾客之间的知识共享具有显著的正向影响	支持
H8	物质奖励对企业和顾客之间的知识共创具有显著的正向影响	支持
H9	互惠关系对企业和顾客之间的知识共享具有显著的正向影响	支持

研究假设	假设内容	假设检验结果
H10	互惠关系对企业和顾客之间的知识共创具有显著的正向影响	支持
H11	顾客的自我效能感可以有效促进顾客与企业创新观念达成共识	支持
H12	顾客的自我胜任感可以有效促进顾客与企业创新观念达成共识	支持
H13	顾客的自我效能感对企业和顾客之间的知识共享具有显著的正向影响	不支持
H14	顾客的自我效能感对企业和顾客之间的知识共创具有显著的正向影响	不支持
H15	顾客的自我胜任感对企业和顾客之间的知识共享具有显著的正向影响	支持
H16	顾客的自我胜任感对企业和顾客之间的知识共创具有显著的正向影响	支持
H17	顾客与企业之间的观念共识对企业的服务创新绩效具有积极的影响	支持
H18	顾客与企业之间的知识共享对企业的服务创新绩效具有积极的影响	支持
H19	顾客与企业之间的知识共创对企业的服务创新绩效具有积极的影响	支持
H20a	物质奖励将促进顾客创新观念共识，并最终提升企业的服务创新绩效	支持
H20b	互惠关系将促进顾客创新观念共识，并最终提升企业的服务创新绩效	支持
H20c	自我效能感将促进顾客创新观念共识，并最终提升企业的服务创新绩效	不支持
H20d	自我胜任感将促进顾客创新观念共识，并最终提升企业的服务创新绩效	支持
H21a	物质奖励将促进顾客知识共享，并最终提升企业的服务创新绩效	支持
H21b	互惠关系将促进顾客知识共享，并最终提升企业的服务创新绩效	支持
H21c	自我效能感将促进顾客知识共享，并最终提升企业的服务创新绩效	不支持
H21d	自我胜任感将促进顾客知识共享，并最终提升企业的服务创新绩效	支持
H22a	物质奖励将促进顾客知识共创，并最终提升企业的服务创新绩效	支持
H22b	互惠关系将促进顾客知识共创，并最终提升企业的服务创新绩效	支持
H22c	自我效能感将促进顾客知识共创，并最终提升企业的服务创新绩效	不支持
H22d	自我胜任感将促进顾客知识共创，并最终提升企业的服务创新绩效	支持

5.6　小结

基于 210 份国内服务型制造企业的问卷调查所获得的样本数据进行统

计分析，对第 3 章提出的服务型制造企业顾客激励和参与对服务创新绩效影响关系的概念模型进行了拟合分析，以此为基础对研究假设进行了实证研究。

然后，采用结构方程法对各变量测度的效度（内容效度、收敛效度和区分效度），研究结果表明，整体结构模型各项适配度指标均在理想范围内，与实际数据较好地拟合。另外，通过层次回归分析方法对顾客激励、顾客参与和服务创新绩效之间的影响关系，进行了逐一分析，除了自我效能感与顾客参与创新和企业的服务创新绩效的影响不显著以及顾客参与创新在自我效能感和服务创新绩效之间的中介作用，没有得到验证外，其他假设均得到验证。本书提及的 31 个研究假设中 25 个假设均得到验证，说明服务型制造企业顾客激励对服务创新绩效影响机制基本得到证实。在下一章中，将基于已获得的实证结果进行讨论分析，给出研究结论，并提出理论价值和管理建议。

6

结果讨论与实践意义

本章基于第 5 章的实证检验结果展开分析和讨论，具体包括顾客激励对企业的服务创新绩效的影响，顾客参与对企业的服务创新绩效的影响，顾客激励对顾客参与的影响，以及顾客参与在顾客激励和服务创新绩效两者之间的中介作用；在结果讨论的基础上，给出服务型制造企业开展服务创新实践活动的有关对策和建议。

6.1　结果讨论

以服务型制造企业及其客户作为调研样本，通过梳理和分析现有的有关顾客激励、顾客参与和服务创新绩效之间关系的研究文献并结合理论分析的方法，从观念共识、知识共享和知识共创三个角度出发，全面对顾客参与进行刻画，深入分析了观念共识、知识共享和知识共创在顾客激励与服务创新绩效之间的中介作用，构建了顾客激励、顾客参与和服务创新绩效之间关系的概念模型，提出了研究假设，采用多元线性回归分析的方法对提出的研究假设进行了实证检验，并运用 Bootstrap 再抽样技术对观念共识、知识共享和知识共创的中介效应进行了显著性水平检验。研究结果发现：

6.1.1　顾客激励对服务创新绩效的影响分析

由第 5 章实证检验结果可知，物质激励、互惠关系和自我胜任感对服务创新绩效均具有显著的正向影响，自我效能感对服务创新绩效不具有显著的正向影响。

响应 Lin（2007）、Kreiner 和 Ashforth（2004）等相关研究学者的观点，将内部层面的顾客激励划分为自我效能感和自我胜任感两个构成维度，外部层面的顾客激励划分为物质激励和互惠关系这两个维度。在对顾客激励与服务创新绩效信度和效度检验分析的基础上，采用多元线性回归模型对提出的研究假设进行了实证检验。实证检验结果表明，物质奖励对服务创新绩效的影响作用系数为 0.127，在 0.05 显著性水平上显著相关，表明物质奖励能够显著促进企业服务创新绩效的提升；互惠关系对企业服务创新绩效的影响作用系数为 0.182，在 0.01 显著性水平上显著相关，表明互惠关系能够显著提高企业的服务创新绩效；自我胜任感对企业服务创新绩效的影响作用系数为 0.616，在 0.001 显著性水平上显著相关，表明自我胜任感能够显著促进企业服务创新绩效的提高，这与已有研究文献的结论一致，而且使该项研究结论在中国情景下再次得到了验证。

表 5-26 的假设检验结果表明，顾客的自我效能感对企业服务创新绩效的影响并不显著，未得到数据的支持。对此现象本书尝试做出如下解释：首先，在现有的企业服务创新实践中，顾客参与企业服务创新活动是一种角色外行为，并非顾客的职责所在，因此，顾客与企业之间的交流互动更多地依赖于外部激励；其次，"与谁分享""与谁共创"由顾客自身决定，并不由企业操控，因此，企业要想尽一切办法来诱导顾客参与自身的服务创新活动，激励在此必然重要。

虽然物质激励、互惠关系和自我胜任感对企业服务创新绩效均具有显著的正向影响，但是具体的影响作用大小有差异。具体表现在：自我胜任感（β = 0.616，p < 0.001）对企业服务创新绩效的影响最大，互惠关系（β = 0.554，p < 0.010）次之，公平氛围（β = 0.127，p < 0.050）最小。自我胜任感对企业服务创新绩效的影响效果最大，对此可能的解释是：顾客参与企业的服务创新作为一种角色外行为，基于经济交换的外部激励带有明显的组织控制烙印，可能会使顾客产生一种"抵触"情绪，减缓其参与企业服务创新活动的步伐，从而不利于提升企业的服务创新绩效。然而，自我胜任感是顾客发自内心地对参与企业服务创新活动的认可，认为企业认同并且认可顾客的行为，使其内心产生一种荣誉感，这种力量对其参与活动会产生"推动力"，更加促使顾客参与企业服务创新活动，从而有效促进企业服务创新绩效的提升。因此，物质奖励和互惠关系的影响作用不及自我胜任感对服务创新绩效的影响作用大。

互惠关系对企业服务创新绩效的影响效果较大，对此可能的解释是："关系"在中国社会活动中占据着重要的位置，呈现出一种"以己为中心"由近及远的"差序格局"，构成一种"以人伦为经，以亲疏为纬"的人际关系网络。在一定程度上，中国人处于以己为中心的关系网络之中，"以关系替代其他途径来参与社会活动，体现了中国人生活的实质"。因此，在日常生活和经济活动中，对于关系的运用已经成为"家常便饭"，做什么事之前先考虑是否有关系存在。换句话说，关系在一定程度上已经成为一种人们相互之间信任与合作的资源。具体到顾客和企业共享信息和共享知识的活动中，关系在顾客与谁分享知识中起到了关键性的作用。顾客习惯于将知识向跟自己关系密切的企业分享，帮助企业解决问题的同时也可以得到自身的期望，利人利己，也成为进一步巩固和维系友好关系的重要保障。因此，良好的互惠关系有助于顾客和企业之间产生交互活动，例如，顾客与企业之间的知识共享和知识共创活动。

6.1.2 顾客激励对顾客参与的影响分析

基于对顾客参与的内涵理解，将顾客参与划分为观念共识、知识共享和知识共创三个维度，并结合对物质奖励、互惠关系、自我效能感、自我胜任感与观念共识、知识共享和知识共创之间关系的分析，运用层次回归分析法对前面所提出的研究假设和概念模型进行了实证验证。

研究结果表明：

（1）物质奖励对观念共识、知识共享和知识共创的影响作用系数分别为 0.232（在 0.001 显著性水平上显著相关）、0.306（在 0.001 显著性水平上显著相关）和 0.183（在 0.050 显著性水平上显著相关），表明物质奖励能够显著增强顾客参与企业服务创新的观念意识，促进顾客知识共享行为的发生，激励顾客与企业共同创造知识。

（2）互惠关系对观念共识、知识共享和知识共创的影响作用系数分别为 0.331（$p < 0.001$）、0.297（$p < 0.001$）和 0.270（$p < 0.001$），表明互惠关系也能够显著增强顾客参与企业服务创新的观念意识，激励和促进顾客知识共享和知识共创行为的发生。

（3）自我胜任感对观念共识、知识共享和知识共创的影响作用系数分别为 0.346（$p < 0.001$）、0.354（$p < 0.001$）和 0.468（$p < 0.001$），表明自我胜任感能够显著增强顾客参与企业服务创新的观念意识，促进顾客知识共享行为的发生，激励顾客与企业共同创造知识。

（4）虽然物质激励、互惠关系和自我胜任感对顾客参与创新均具有显著的正向影响，但是具体的影响作用大小有差异。具体表现在：对观念共识的影响程度上，自我胜任感（$\beta = 0.346$，$p < 0.001$）最大，互惠关系（$\beta = 0.331$，$p < 0.001$）、物质奖励（$\beta = 0.232$，$p < 0.001$）次之，自我效能感（$\beta = 0.057$，$p < 0.050$）最小；对知识共享的影响程度上，自我胜任感（$\beta = 0.354$，$p < 0.001$）最大，互惠关系（$\beta = 0.297$，$p < 0.001$）次之，物质奖励（$\beta = 0.306$，$p < 0.001$）最小；对知识共创的影响程度上，自我胜任感（$\beta = 0.468$，$p < 0.001$）最大，互惠关系（$\beta = 0.270$，$p < 0.001$）次之，物质奖励（$\beta = 0.183$，$p < 0.050$）最小。

这一研究结果表明，物质奖励、互惠关系和自我胜任感作为顾客参与企业创新行为的"催化剂"，能够显著地增强顾客参与企业服务创新的观念意识，激励和促进顾客知识共享和知识共创行为的发生，这与现有研究文献的结论一致。这说明，物质奖励、互惠关系和自我胜任感除了对企业服务创新绩效产生积极的影响之外，还同时能够提升顾客参与创新行为。

另外，顾客的自我效能感对观念共识的正向影响显著（$\beta = 0.057$，$p < 0.050$），但是对知识共享和知识共创的正向影响并不显著，未得到数据的支持。对此现象本书尝试做出如下解释：①在现有的企业服务创新实践中，顾客参与企业服务创新活动是一种角色外行为，并非顾客的职责所在，因此，顾客与企业之间的交流互动更多地依赖于外部激励；②"与谁分享""与谁共创"由顾客自身决定，并不由企业操控，因此，企业要想尽一切办法来诱导顾客参与自身的服务创新活动，激励势在必行。

6.1.3 顾客参与对服务创新绩效的影响分析

基于对顾客参与创新和服务创新绩效的内涵分析，并结合对观念共识、知识共享、知识共创与服务创新绩效之间关系的分析，运用多元回归分析方法对提出的研究假设和概念模型进行了实证验证。实证检验结果表明，观念共识、知识共享和知识共创对企业服务创新绩效的影响作用系数分别为 0.815、0.845 和 0.810，均在 0.001 水平上显著相关，说明顾客参与创新的意识越强、知识共享和知识共创行为越频繁，越能够有效地提升企业的服务创新绩效，证明顾客创新观念共识、知识共享和知识共创是影响企业服务创新绩效提升的重要因素，因此，在企业的知识管理实践中，应重视顾客的知识共享和知识共创行为，积极采取措施激励知识共享和知识共创行为的发生。这一研究结论进一步印证了现有研究的结论。

6.1.4　顾客参与的中介效应分析

6.1.4.1　观念共识、知识共享和知识共创在自我胜任感与服务创新绩效之间均起着部分中介的作用

该研究结论表明，除了自我胜任感对服务创新绩效的直接作用外，自我胜任感还会通过观念共识、知识共享和知识共创这三个中介变量对服务创新绩效产生间接的正向影响。具体体现为：自我胜任感对企业服务创新绩效提升的间接作用路径有三条，即自我胜任感通过萌生参与企业服务创新的意识从而对企业的服务创新绩效产生间接的正向影响作用；自我胜任感通过与企业分享自身知识的行为从而对企业的服务创新绩效产生间接的正向影响作用；自我胜任感通过参与企业创新活动的过程中与企业共同创造知识的行为对企业的服务创新绩效产生间接的正向影响作用。

6.1.4.2　观念共识、知识共享和知识共创在物质奖励与服务创新绩效之间、互惠关系与服务创新绩效之间均起着完全中介的作用

在考察外部激励与企业服务创新绩效之间的关系时，既考虑了物质奖励和互惠关系对企业服务创新绩效的直接影响作用，且同时考虑了观念共识、知识共享和知识共创的促进作用。但是，在加入了中介变量观念共识、知识共享和知识共创之后，物质奖励和互惠关系对知识共享的直接影响效果变为不显著，只通过中介变量观念共识、知识共享和知识共创对企业的服务创新绩效产生影响。这一研究结论进一步明晰了外部激励与服务创新绩效之间具体的作用关系，加深了对外部激励与服务创新绩效之间的关系的理解，为研究外部激励与服务创新绩效之间的关系提供了一个全新的视角。

6.2 实践对策

6.2.1 激发顾客参与创新意识，着力提升企业服务创新绩效

随着经济的迅猛发展，社会已经逐渐步入以服务经济为主的后工业时代。为了顺应这种趋势，制造业也开始了服务化转型，由产品生产者转变为集成方案提供者，并且依靠服务来获得或者维持竞争优势。在竞争日益激烈的今天，了解和满足顾客需求是影响企业服务创新活动的关键因素。获得顾客需求最直接的方式就是让顾客参与企业创新。那么，企业需要用什么来激励顾客参与创新？

首先，要选择合适的顾客，也就是要挑选具有较强自我效能感和自我胜任感的顾客，因为这些顾客对企业的服务创新活动本来就带有浓厚的兴趣。

其次，要选择合适的外部激励方式。物质奖励和互惠关系作为企业可以控制的激励因素，要合理设计和运用。过多的物质奖励会加大企业的成本投入，而互惠关系则不会，因此，企业激励顾客参与创新时，要以与顾客建立良好的人际关系为重点。

最后，企业的外部激励不能损害顾客自身的内部激励，否则将会事倍功半。

6.2.2 慎重对待物质奖励的激励作用，避免过度物质激励

从经济交换理论出发，顾客是否参与企业创新活动会受到其对未来经济利益预期的影响，如果企业给予的奖励不能达到顾客的预期，顾客参与创新活动往往不会发生。由此推论，物质奖励应该是激励顾客参与

创新的一种有效的激励手段。但是，研究结果发现，相对于另外一种外部激励方式（互惠关系），物质奖励对顾客参与创新的激励效果明显较低，由此可见，就本书的研究议题而言，物质奖励没有发挥管理者预期的激励作用，也没有得到预期的激励效果。

本书认为，物质奖励"失效"的可能原因在于：首先，物质奖励作为一种主要的激励手段并不适合所有的顾客，具有较强自我效能感和自我胜任感的顾客在乎的是自身的内在提升，而不是单纯的物质奖励。其次，领先型顾客会把企业的物质奖励理解成企业控制他们行为的一种手段，反而不利于顾客创新。最后，物质奖励在激励顾客参与创新活动的同时，也具备惩罚效果，没有得到物质奖赏，相对得到的而言就意味着惩罚，与其这样不如不参与创新。因此，本书建议企业管理者应慎重对待物质奖励的激励作用，避免过度物质激励。对于内部激励较为薄弱的顾客，适量的物质奖励可以成为激励其参与创新的有效手段，同时管理者也要认识到物质奖励只能使顾客暂时地服从，不能改变其内心对于参与企业创新真实的想法。也就是说，管理者要减少或者避免使用物质奖励，尽量使用另外一种外部激励方式（互惠关系）来激励顾客参与创新。

6.2.3　建设共赢的互惠关系，加大顾客与企业之间的关系强度

本书研究结果证实，互惠关系对激励顾客参与创新和提升企业服务创新绩效方面起到积极作用。在我国许多制造企业没有对顾客参与创新这一行为进行有效的管理，顾客参与创新作为一种角色外行为大多数是自发的，由此可见，顾客参与创新更多依赖的是与企业建立起来的良好的人际关系，并非简单的物质奖励。从社会交换视角出发，顾客与企业之间的交换关系不仅涉及物质等实体方面的奖励，还包括精神情感方面的资源，而互惠关系就是情感资源的一个重要方面。只有当顾客感知自身与企业关系较好时，才会更好地参与企业的创新活动，毫不保留地将自己的知识共享给企业，相信企业会给自己期望的回报；反之，当顾客

感知自身与企业关系较弱时，无论企业如何激励，顾客仍然会无动于衷，跟企业交流互动减少甚至没有。基于此，本书建议管理者要想促进顾客参与创新行为的发生，应该着重建设共赢的互惠关系，加大顾客与企业之间的关系强度，因为共赢的互惠关系有利于保持顾客与企业合作的长期稳定性。互惠关系还体现在顾客与企业之间的相互信任，信任有利于消除顾客参与创新活动中的顾虑。但是，良好信任关系的建立并非朝夕之事，这要求企业在顾客使用产品的过程中与顾客经常性、频繁性地交流互动，促进顾客与企业之间的相互了解。

6.2.4 重视顾客参与服务创新活动，提高顾客自我胜任感

研究结果证实，自我胜任感对激励顾客参与创新和提升企业服务创新绩效方面的效果最大。从组织公民行为理论出发，顾客自发地参与企业创新是一种责任感，出于企业对顾客自身的信任，并且顾客在参与企业创新的过程中获得认同。由此可见，顾客自身的荣誉感来自于企业对顾客行为的认同。基于此，企业管理者应重视顾客参与服务创新活动，提高顾客自我胜任感。管理者应该加强与顾客的沟通，对顾客参与企业的创新活动应给予大力支持与认同。在企业的服务创新过程中，我们不难发现有许多顾客只要企业接受并将其创新想法运用到实践活动中，顾客就会获得满足感。

6.2.5 重新审视顾客自我效能感的激励作用，有效引导顾客参与创新

在本书的研究结果中，顾客的自我效能感对观念共识的正向影响显著，但是对知识共享和知识共创的正向影响并不显著，未得到数据的支持。对此现象本书尝试做出如下解释：①在现有的企业服务创新实践中，顾客参与企业服务创新活动是一种角色外行为，并非顾客的职责所在，因此，顾客与企业之间的交流互动更多地依赖于外部激励；②"与谁分

享""与谁共创"由顾客自身决定，并不由企业操控，因此，企业要想尽一切办法来诱导顾客参与自身的服务创新活动，激励势在必行。

6.3　小结

在第 5 章假设检验结论的基础上，本章进一步讨论并分析了每个研究假设的验证情况，并结合多元线性回归的分析结果，对获得支持的假设和未获得支持的假设结合理论和实践情况进行机理剖析，并给出可能的解释；最后结合我国制造业服务化转型的现状给出针对性的五点管理对策建议。

7 结论与展望

围绕顾客激励对企业服务创新绩效的影响这一问题，结合顾客参与的中介作用，本书通过前面各节的研究，对顾客激励、顾客参与的概念内涵和构成维度进行归纳，并运用激励理论、服务创新理论、基于知识观的企业理论等相关基础理论，对顾客激励对企业服务创新绩效的影响激励及顾客参与创新的中介作用进行了深入的分析和探讨。本章主要归纳本书的主要研究结论，分析研究的不足之处，并以此为基础指出未来的研究方向。

7.1 主要研究结论

本书基于企业知识观理论的分析，结合对顾客激励、顾客参与和服务创新绩效的内涵分析，构建了服务型制造业顾客激励、顾客参与和服务创新绩效之间关系的概念模型，提出了研究假设，目的在于试图发现顾客激励、顾客参与如何影响企业的服务创新绩效的作用机理。并以我国服务型制造企业为调查样本，采用调查问卷的方法收集了210份有效问卷数据，采用探索性因子分析的方法对回收样本数据的信度进行了检验，采用验证性因子分析的方法对调研数据的收敛效度和区分效度进行了检验，并采用多元线性回归分析的方法对研究假设和概念模型进行了实证验证。在此基础上，进一步运用 Bootstrap 再抽样技术对观念共识、知识共享和知识共创所起到的中介作用进行了显著性水平检验。具体研究结论如下：

7.1.1 物质奖励、互惠关系、自我效能感和自我胜任感对企业服务创新绩效均具有显著的正向影响作用

在对顾客激励和服务创新绩效内涵理解的基础上，从外部层面和内部层面两个层次划分顾客激励，并将内部层面的顾客激励分为自我效能感和自我胜任感这两个维度，外部层面的顾客激励分为物质奖励和互惠关系这两个维度，重点探讨和实证检验了物质奖励、互惠关系、自我效能感和自我胜任感与服务创新绩效之间的关系。实证研究结果表明，物质奖励、互惠关系、自我效能感和自我胜任感对服务创新绩效均具有显著的正向影响作用。其中，自我胜任感对服务创新绩效的影响效果最为显著。

7.1.2 物质奖励、互惠关系和自我胜任感对顾客参与均具有显著的正向影响作用，自我效能感对顾客参与的影响不显著

基于对顾客参与的内涵分析，将顾客参与划分为观念共识、知识共享和知识共创三个维度，深入探索了物质奖励、互惠关系、自我效能感和自我胜任感与顾客参与之间的关系，实证验证了顾客激励对观念共识、知识共享和知识共创的影响作用。实证研究表明：物质奖励、互惠关系和自我胜任感对顾客参与均具有显著的正向影响作用，其中，自我胜任感对顾客参与的影响效果最为显著，但自我效能感对顾客参与的影响不显著。

7.1.3 顾客参与对服务创新绩效均具有显著的正向影响作用

深入探讨了顾客参与三个维度（观念共识、知识共享和知识共创）与企业服务创新绩效之间的关系，实证检验了观念共识、知识共享和知识共创对服务创新绩效的影响作用。实证研究结果显示，观念共识、知识共享和知识共创对服务创新绩效均具有显著的正向影响作用。

7.1.4 观念共识、知识共享和知识共创在自我胜任感与服务创新绩效之间均起着部分中介的作用

除了自我胜任感对服务创新绩效的直接作用外，自我胜任感还会通过观念共识、知识共享和知识共创这三个中介变量对服务创新绩效产生间接的正向影响。本书重点研究了观念共识、知识共享和知识共创在自我胜任感与服务创新绩效之间所起的中介作用，实证验证了自我胜任感作为中介来促进观念共识、知识共享和知识共创与服务创新绩效之间的作用机制。研究结果表明，观念共识、知识共享和知识共创在自我胜任感与服务创新绩效之间均起着部分中介的作用。

7.1.5 观念共识、知识共享和知识共创在物质奖励与服务创新绩效之间、互惠关系与服务创新绩效之间均起着完全中介的作用

在考察外部层面的顾客激励与企业服务创新绩效之间的关系时，既考虑了物质奖励和互惠关系对企业服务创新绩效的直接影响作用，同时也考虑了顾客参与的促进作用。以此为基础，深入挖掘了顾客参与的三个维度在物质奖励与服务创新绩效之间、互惠关系与服务创新绩效之间所起到的中介作用，实证研究结果表明，观念共识、知识共享和知识共创在物质奖励与服务创新绩效之间、互惠关系与服务创新绩效之间均起着完全中介的作用。

7.2 创新之处

与已有的相关研究相比，本书的创新点有：

7.2.1 基于激励理论和组织行为学理论，从外部和内部两个层面探索性地界定了顾客激励的衡量维度

考虑制造业组织顾客的特点，将外部层面的顾客激励划分为物质奖励和互惠关系两个维度，将内部层面的顾客激励划分为自我效能感和自我胜任感两个维度，该维度的划分为制造企业对组织顾客的激励策略提供了支持；并在已有研究的基础上，构建了顾客激励的测量量表，检验了该量表的信度和效度良好。

7.2.2 厘清了顾客参与的构成维度，为深入研究服务创新领域企业和顾客之间的交互关系打下了坚实的基础

本书结合基于知识观的企业理论，从知识管理的角度对顾客参与的构成维度进行了划分，从"观念共识—知识共享—知识共创"这一完整路径诠释了顾客参与，并且通过实证分析对其内容结构进行了探究；该维度的划分突破了以往研究中只从参与程度，或者参与阶段分析顾客参与的局限，为全面了解制造业顾客参与的路径提供了支持。

7.2.3 构建了顾客激励、顾客参与对企业服务创新绩效影响的概念模型，并对三者之间的关系进行了深入探讨

在理论分析和企业访谈的基础上，本书构建了相应的概念模型并提出研究假设，定量分析顾客激励对顾客参与和服务创新绩效的影响，以

及顾客参与对服务创新绩效的影响。以制造企业和相应的顾客为研究对象，通过深度访谈和实地调研取得相应的企业实际资料和对应的数据，应用层次回归模型和结构方程模型等统计方法对上述效应进行了检验。研究结果表明：

（1）物质奖励、互惠关系、自我效能感和自我胜任感对企业服务创新绩效均存在显著的正向影响作用，但是，影响作用大小不同。具体表现在，自我胜任感对于企业服务创新绩效的影响作用系数最大，物质奖励和互惠关系次之，自我效能感的影响效果最小。

（2）观念共识、知识共享和知识共创对企业服务创新绩效均会产生显著的正向影响的作用。

（3）物质奖励、互惠关系和自我胜任感对观念共识、知识共享和知识共创均具有显著的正向影响作用，且影响效果存在差异，具体体现在，自我胜任感影响作用系数最大，互惠关系次之，物质奖励最小。

（4）自我效能感对观念共识、知识共享和知识共创的影响不显著。

7.2.4　理论推演并实证检验了顾客参与在顾客激励与企业服务创新绩效之间的中介作用，构建了"顾客激励—顾客参与—服务创新绩效"这一完整的理论逻辑链

实证研究结果发现，观念共识、知识共享和知识共创在自我胜任感与服务创新绩效之间均起着部分中介的作用；观念共识、知识共享和知识共创在物质奖励与服务创新绩效之间、互惠关系与服务创新绩效之间均起着完全中介的作用。在此基础上，采用 Bootstrap 再抽样技术进一步检验了观念共识、知识共享和知识共创的中介效应的显著性水平。检验结果表明，观念共识、知识共享和知识共创在物质奖励与服务创新绩效之间、互惠关系与服务创新绩效之间以及自我胜任感与服务创新绩效之间中介效应显著。

7.3　研究展望

7.3.1　研究局限

由于受到时间、空间、财力、物力等条件的制约，并且研究问题本身较为复杂，因此，研究过程存在一些局限性和不足之处，下面从研究方法、样本分布和数据测量三个方面进行描述。

7.3.1.1　研究方法的局限性

本书采用理论研究和实证研究相结合的方法对该项目涉及的问题展开研究，利用问卷调查法收集验证研究假设所用到的数据。问卷调查法在管理学领域定量研究与分析中使用较为频繁，但是该方法仍存在问卷回收率低、问卷反馈信息失真等不足。问卷调查法构念测量的精确性是建立在问卷数据真实性的前提之下，假如调查对象填写虚假信息，那么必然导致研究结论的真实性降低。因此，本书建议在后续的研究中，结合案例研究、实验研究等研究方法，采用多种研究方法相结合的方式，进一步验证和支撑本书的研究结论。

7.3.1.2　样本分布的局限性

由于受到时间、空间、财力、物力等条件的制约，本书只能在力所能及的范围内发放调查问卷。虽然收集的样本具有代表性，样本数量也达到了统计分析的要求，但是对于研究中国情境下服务型制造企业顾客激励对服务创新绩效的影响这一议题，样本的地域分布还不够广泛。因此，在未来研究中，应在更广的范围内进行数据收集，减少样本偏误对研究结论的影响，加强研究结论在中国文化情境下的普适性。

7.3.1.3 数据测量的局限性

本书采集的数据是某一时间节点的横截面数据，并非连续的纵向数据，研究结论的稳健性受到一定程度上的挑战。由于纵向采集数据需要大量的实践进行跟踪，由于时间的限制，只能希望后续的研究实现纵向数据采集，进而提高研究结论的外在效度。

7.3.2 后续研究建议

基于本书的研究内容和所得到的研究结论，后续学者可以从以下几方面进行深入研究。

7.3.2.1 丰富概念模型，探讨顾客激励的交互影响

本课题的概念模型主要刻画了顾客激励、顾客参与创新和服务创新绩效之间的关系，同样条件下，通过观念共识、知识共享和知识共创的中介作用，顾客激励对服务创新绩效的影响效果不同，甚至自我效能感对服务创新绩效的影响不显著。这意味着，内部激励和外部激励同时存在的情况下，两者之间存在一定的相互作用。因此，建议后续研究可在本书概念模型的基础上加上内部激励和外部激励之间的交互作用，对研究结论进行进一步的拓展。

7.3.2.2 进一步完善实证研究设计，使得研究结论的外在效度有进一步提高

为了使得研究结论更加完善，研究结论的信度和效度取得进一步的提高，未来的研究工作可以从以下三个层次展开：

（1）结合案例研究、实验研究等研究方法，采用多种研究方法相结合的方式，进一步验证和支撑研究结论；

（2）应在更广的范围内进行数据收集，扩大样本收集范围，减少样本偏误对研究结论的影响，加强研究结论在中国文化情境下的普适性；

（3）希望后续的研究实现纵向数据采集，进而提高研究结论的外在效度。

7.3.2.3 挖掘其他潜在的控制变量，丰富研究结论

本书设计的控制变量有企业年限、企业规模和企业产权性质，但还有一些关键因素也可能对企业的服务创新绩效产生影响，例如企业的营业收入、企业文化等因素。在以后的研究中，仍然需要加强上述控制变量方面的探讨，从而使研究结论更加符合企业创新实践的实际应用，为企业服务化战略的实施做出进一步的贡献。

参考文献

[1] A. Maslow. Motivation and personality [D]. New York: Harper & Row, 1954. Adams, J.S., Rosenbaum, W. B.. The relationship between worker Productivity to cognitive dissonance about wage inequities [J]. Journalof Applied Psychology, 1962, 46 (3): 161-164.

[2] Adiele C. Towards promoting interactivity in a B2B web community [J]. Information Systems Frontiers, 2011, 13 (2): 237-249.

[3] Ahuja G. Collaboration networks, structural holes, and innovation: A longitudinal study [J]. Administrative Science Quarterly, 2000, 45 (3): 425-454.

[4] Akasaka F, Nemoto Y, Kimita K, et al. Development of a knowledge-based design support system for Product-Service Systems [J]. Computers in Industry, 2012, 63 (4): 309-318.

[5] Alam I. An exploratory investigation of user involvement in new service development [J]. Journal of the Academy of Marketing Science, 2002, 30 (3): 250-261.

[6] Alam I. Removing the fuzziness from the fuzzy front-end of service innovations through customer interactions [J]. Industrial Marketing Management, 2006, 35 (4): 468-480.

[7] Alderfer C P. An empirical test of a new theory of human needs [J]. Organizational Behavior & Human Performance, 1969, 4 (2): 142-175.

［8］Annika S, Andreas W. Managing and Organizing for Innovation in Service Firms ［J］. A literature review with annotated bibliography. Vinnova Reoprt, 2009 (6): 7-14.

［9］Antonio Cantisani. Technological innovation processes revisited ［J］. Technovation, 2006, 26 (11): 1294-1301.

［10］Arnaud A, Schminke M. The ethical climate and context of organizations: A comprehensive model ［J］. Organization Science, 2012, 23 (6): 1767-1780.

［11］Atuahene-Gim, K. Differential Poteney of Factors Affecting Innovation Performance in Manufacturing and Services Firms in Australia ［J］. Journal of Production Innovation Management, 1996 (13): 35-52.

［12］Avlonitis G J, Papastathopoulou P G, Gounaris S P. An empirically-based typology of product innovativeness for new financial services: Services and failure scenarios ［J］. Journal of Product Innovation Management, 2001, 18 (5): 324-342.

［13］Bagozzi R P, Yi Y. On the evaluation of structural equation models ［J］. Journal of the Academy of Marketing Science, 1988, 16 (1): 74-94.

［14］Baron R M, Kenny D A. The moderator-mediator variable distinction in social psychological research: Conceptual, strategic, and statistical considerations ［J］. Journal of Personality and Social Psychology, 1986, 51 (6): 1173-1182.

［15］Barrett P. Structural equation modelling: Adjudging model fit ［J］. Personality and Individual Differences, 2007, 42 (5): 815-824.

［16］Bartol K M, Srivastava A. Encouraging knowledge sharing: The role of organizational reward systems ［J］. Journal of Leadership & Organizational Studies, 2002, 9 (1): 64-76.

［17］Bateson J E G. Self-sevice consumer: An exploratory study ［J］.

Journal of Retailing, 1985, 61 (3): 49-76.

[18] Bénabou Roland, Jean Tirole. Intrinsic and Extrinsic Motivation [J]. Review of Economic Studies, 2003, 70 (3): 489-520.

[19] Bentler P M. EQS structural equatios program manual [M]. Los Angeles: BMDP Statistical Software, 1989.

[20] Bettencout A L, Customer voluntary performance: Customers as partners in service delivery [J]. Journal of Marketing, 1997, 67 (1): 14-28.

[21] Bock G W, Kim Y G. Breaking the myths of rewards: An exploratory study of attitudes about knowledge sharing [J]. Information Resources Management Journal, 2002, 15 (2): 14-21.

[22] Bock G W, Zmud R W, Kim Y G, et al. Behavioral intention formation in knowledge sharing: Examining the roles of extrinsic motivators, social -psychological forces, and organizationalclimate [J]. MIS Quarterly, 2005, 29 (1): 87-111.

[23] Bolton M. Customer centric business processing [J]. International Journal of Productivity and Performance Management, 2004, 53 (1): 44-51.

[24] Bowen J, Ford R C. Managing service organizations: Does having a "thing" make a difference? [J]. Journal of Management, 2002, 28 (3): 447-469.

[25] Brentani U D. Innovative versus incremental new business services: Different keys for achieving success [J]. Journal of Product Innovation Management, 2001, 18 (3): 169-187.

[26] Brond D. Customer participation is the latest trend in service delivery [J]. Marketing News, 1997, 31 (22): 11.

[27] Bruce S. Tether. Who co-operates for innovation, and why: An empirical analysis [J]. Research Policy, 2002, 31 (6): 947-967.

[28] Brzozowski M J, Sandholm T, Hogg T. Effects of feedback and

peer pressure on contributions to enterprise social media [C] //Proceedings of the ACM 2009 international conference on Supporting group work. ACM, 2009: 61-70.

[29] Cabrera A, Cabrera E F. Knowledge-sharing dilemmas [J]. Organization Studies, 2002, 23 (5): 687-710.

[30] Cabrera A, Collins W C. Determinants of individual engagement in knowledge sharing [J]. International Journal of Human Resource Management, 2006, 17 (2): 245-264.

[31] Carbonell P, Rodríguez-Escudero A I, Pujari D. Customer Involvement in New Service Development: An Examination of Antecedents and Outcomes[J]. Journal of Product Innovation Management, 2009, 26 (5): 536-550.

[32] Cermak D S P, File K M. Customer participation in service specification and delivery [J]. Journal of Applied Business Research, 2011, 10 (2): 90-97.

[33] Chase R B, Kumar K R, Yongdahl W E. Service based manufacturing: The service factory [J]. Production and Operations Management, 1992, 11 (2): 175-184.

[34] Chesbrough H W, Adrienne Kardon Crowther. Beyond high tech: Early adopters of open innovation in other industries [J]. R&D Management, 2006 (36): 3229-3236.

[35] Chesbrough H, Davies A. Advancing Services Innovation service innovation [M]. Handbook of Service Science. Springer US, 2010: 579-601.

[36] Chirumalla K. Managing knowledge for product-service system innovation: The role of Web 2.0 technologies [J]. Research-Technology Management, 2013, 56 (2): 45-53.

[37] Chua A. Knowledge sharing: A game people play [C] //Aslib Pro-

ceedings. MCB UP Ltd., 2003, 55（3）: 117–129.

［38］Chwarzer R, Born A. Optimistic self-beliefs: Assessment of general perceived self-efficacy in thirteen cultures［J］. World Psychology, 1997, 3（1）: 177–190.

［39］Claycomb C, Lengnick-Hall C A, Inks L W. The customer as a productive resource: A pilot study and strategic implications［J］. Centerforbusinessandeconomicresearch, 2001, 18（1）: 47 –68.

［40］Conner K R, Prahalad C K. A resource-based theory of the firm: Knowledge versus opportunism［J］. Organization Science, 2010, 7（5）: 477–501.

［41］Constant D, Sproull L, Kiesler S. The kindness of strangers: The usefulness of electronic weak ties for technical advice［J］. Organization Science, 1996, 7（2）: 119–135.

［42］Cooper R G, Kleinschmidt E J. New products: What separates winners from losers?［J］. Journal of Product Innovation Management, 1987, 4（3）: 169–184.

［43］Cooper R. Coordination Games［J］. Cambridge Books, 1999.

［44］Cooper, R.G., Easingwood, C.J., Edgett, S., Kleinscllllllidt, E. J., Storey, C. What Distinguishes the TOP Performing New Products in Financial Services［J］. Jounal of Product Innovation Management, 1994（11）: 281–299.

［45］Cordero R. The measurement of innovation performance in the firm: An overview［J］. Research Policy, 1990, 19（2）: 185–192.

［46］D. C. McClelland. Motivation and achievement［D］. Washington, D.C.: Winston, 1974.

［47］Dabholkar P A. How to Improve Perceived Service Quality by Increasing Customer Participation［M］//Proceedings of the 1990 Academy of

Marketing Science（AMS）Annual Conference. Springer International Publishing，2015：483-487.

［48］ Dahl D W，Moreau C P. Thinking inside the box：Why consumers enjoy constrained creative experiences ［J］. Journal of Marketing Research，2007，44（3）：357-369.

［49］ Davenport T H，Prusak L. Working knowledge：How organizations manage what they know ［M］. Boston：Harvard Business Press，1998.

［50］ David Constant，Sara Kiesler，Lee Sproull. The kindness ofstrangers ［J］. Organization Science，1996，7（2）：119-135.

［51］ Deci E L. Effects of externally mediated rewards on intrinsic motivation ［J］. Journal of Personality and Social Psychology，1971，18（1）：105-115.

［52］ DeVellis，Robert. Scale development：Theory and applications［M］. Applied Social Research Methods Series，1991（26）：67-78.

［53］ Doren D. Chadee，Jan Mattsson. Do service and merchandise exporters behave and perform differently？：A new Zealand investigation ［J］. European Journal of Marketing，1998，32（9/10）：830-842.

［54］ Dwyer R，Schurr P H. Developing Buyer-seller Relationships ［J］. Journal of Marketing，1987，51（2）：11-27.

［55］ Dyer L，Parker D F. Classifying outcomes in work motivation research：An examination of the intrinsic-extrinsic dichoyomy ［J］. Journal of Applied Psychology，1975，60（4）：455-458.

［56］ Edelenbos J. Institutional implications of interactive governance：Insights from Dutch practice ［J］. Governance，2005，18（1）：111-134.

［57］ Eisdorfer A，Hsu P H. Innovate to survive：The effect of technology competition on corporate bankruptcy ［J］. Financial Management，2011，40（4）：1087-1117.

［58］ Ennew C T, Binks M R. Impact of participative service relation-ships on quality, satisfaction and retention: An exploratory study ［J］. Journal of Business Research, 1999, 46（2）: 121-132.

［59］ Erez M, Gopher D, Arzi N. Effects of goal difficulty, self-set goals, and monetary rewards on dual task performance ［J］. Organizational be-havior and Human Decision Processes, 1990, 47（2）: 247-269.

［60］ Eriksson I V, Dickson G W. Knowledge sharing in high technology companies ［J］. AMCIS 2000 Proceedings, 2000（1）: 217.

［61］ Fang E. Customer Participation and the Trade-off between New Prod-uct Innovativeness and Speed to Market ［J］. Journal of Marketing, 2008, 72（4）: 90-104.

［62］ Fishbein M, Ajzen I. Belief, attitudes, intention, and behavior ［J］. An introduction to theory and research. Massachussets: Addison-Wesley, 1975.

［63］ Fitzsimmons M. The importance of being special: Planning for the future of US special operations forces ［J］. Defense & Security Analysis, 2003, 19（3）: 203-218.

［64］ Fleming L, Waguespack D M. Brokerage, Boundary Spanning, and Leadership in Open Innovation Communities ［J］. Organization Science, 2007, 18（2）: 165-180.

［65］ Ford D N, Sterman J. Expert knowledge elicitation to improve mental and formal models ［J］. System Dynamics Review, 1997（1）: 7-9.

［66］ Fornell C, Larcker D F. Evaluating structural equationmodelswith-unobservable variables and measurement error ［J］. Journal of Marketing Re-search, 1981, 18（1）: 39-50.

［67］ Fuglsang L, Sundbo J, et al. Dynamics of experienceservice inno-vation: Innovation as a guided activity-results from a Danish survey ［J］. The

Service Industries Journal, 2011, 31 (5): 661-677.

[68] Garnefeld I, Iseke A, Krebs A. Explicit incentives in online communities: Boon or bane? [J]. International Journal of Electronic Commerce, 2012, 17 (1): 11-38

[69] Gebauer H. Identifying service strategies in product manufacturing companies by exploring environment-strategy configurations [J]. Industrial Marketing Management, 2008, 37 (3): 278-291.

[70] Grant R M. Toward a knowledge-based theory of the firm [J]. Strategic Management Journal, 1996, 17 (S2): 109-122.

[71] Gremyr I, Löfberg N, Witell L. Service innovations in manufacturing firms [J]. Managing Service Quality An International Journal, 2010, 20 (2): 161-175.

[72] Grewal R, Comer J M, Mehta R. An investigation into the antecedents of organizational participation in B2B electronic markets [J]. Journal of Marketing, 2001, 65 (3): 17-33.

[73] Griffin A, Hauser J R. The voice of the customer [J]. Marketing Science, 1993, 12 (1): 1-27.

[74] Gronroos C. Service management and marketing: A customer relationship management approach [M]. Wiley, Chicnester, 2000.

[75] Guerrieri P, Meliciani V. Technology and international competitiveness: The interdependence between manufacturing and producer services [J]. Structural Change and Economic Dynamics, 2006, 16 (12): 489-502.

[76] Guilford J P, Fruchter B. Fundamental statistics in psychology and education [M]. New York: McGraw-Hill, 1965.

[77] Hair J F, Anderson R E, Tatham R L, Black W C. Multivariate data analysis [M]. NJ: Prentice-Hall, 1998.

[78] Hair J F, Tatham R L, Anderson R E, et al. Multivariate data

analysis [M]. New Jersey: Pearson Prentice Hall, 2009.

[79] Hamner W C. Effects of bargaining strategy and pressure to reach agreement in a stalemated negotiation [J]. Journal of Personality and Social Psychology, 1974, 30 (4): 458.

[80] Han J K, Kim N & Srivastava R K. Market orientation and organizational performance: Is innovation a missing link [J]. Journal of Marketing, 1998, 62 (4): 30-45.

[81] Harald S, Malte D, Walter B. Rejuvenating customer management: How to make knowledge for, from and about customers work [J]. European Management Journal, 2005, 23 (4): 392-403.

[82] Hargadon A B. Firms as knowledge brokers: lessons in pursuing continuous innovation [J]. California Management Review, 1998, 40 (3): 209-227.

[83] Harter S. Effectance motivation reconsidered. Toward a development model [J]. Human Development, 2009, 21 (1): 34-64.

[84] Heide J B. Interorganizational Governancein Marketing Channels [J]. Journal of Marketing January, 1994 (58): 71-85.

[85] Hippel E V, Krogh G V. Open Source Software and the "Private-Collective" Innovation Model: Issues for Organization Science [J]. Social Science Electronic Publishing, 2011, 14 (2): 209-223.

[86] Hooff B V D, Schouten A P, Simonovski S. What one feels and what one knows: The influence of emotions on attitudes and intentions towards knowledge sharing [J]. Journal of Knowledge Management, 2012, 16 (1): 148-158.

[87] Jackson D L. Revisiting sample size and number of parameter estimates: Some support for the N: Q hypothesis [J]. Structural Equation Modeling, 2003, 10 (1): 128-141.

［88］ Jarillo J C. On strategic networks ［J］. Strategic Management Journal, 1988, 9（1）：31-41.

［89］ Johne A, Storey C. New service development: A review of the literature and annotated bibliography ［J］. European Journal of Marketing, 1998, 32（3/4）：184-251.

［90］ Johnston W J, Leach M P, Liu A H. Theory Testing Using Case Studies in Business-to-Business Research ［J］. Industrial Marketing Management, 1999, 28（3）：201-213.

［91］ Jones G R. Governing customer-service organization exchange ［J］. Journal of Business Research, 1990, 20（1）：23-29.

［92］ Kallenberg R, Oliva R. Managing the transition from product to services ［J］. International Journal of Service Industry Management, 2003, 14（2）：160-172.

［93］ Kankanhalli A, Tan B C Y, Wei K K. Contributing knowledge to electronic knowledge repositories: An empirical investigation［J］. MIS Quarterly, 2005, 29（1）：113-143.

［94］ Keegan A, Turner J. Quantity versus quality in project based learning practices ［J］. Management Learning, 2001, 32（1）：77-98.

［95］ Kelly D, Storey C. New service development: Initiation strategies ［J］. International Journal of Service Industry Management, 2000, 11（1）：45-63.

［96］ Kelly H H, Thibaut J W. Interpersonal relations: A theory of interdependence ［M］. New York: Wiley, 1978.

［97］ Kelman H C. Compliance, identification, and internalization: Three processes of attitude change ［J］. Journal of Conflict Resolution, 1958（1）：51-60.

［98］ Kelman H C. Compliance, identification, and internalization:

Three processes of attitude change [J]. Journal of Conflict Resolution, 1958, 2 (1): 51-60.

[99] Kessler E H, Chakrabarti A K. Innovation speed: A conceptual model of context, antecedents, and outcomes [J]. Academy of Management Review, 1996 (21): 1143-1191.

[100] Kline R B. Principles and practice of structural equation modeling [M]. Guilford Press, 2011.

[101] Kohn A. Punished by Rewards [M]. New York: Plenum Press, 1993.

[102] Kraatz M S, Zajac E J. How organizational resources affect strategic change and performance in turbulent environments: Theory and evidence [J]. Organization Science, 2001, 12 (5): 632-657.

[103] Kreiner G E, Ashforth B E. Evidence toward an expanded model of organizational identification [J]. Journal of Organizational Behavior, 2004 (25): 1-27.

[104] Kristensson P, Magnusson P R, Matthing J. Users as a hidden resource for creativity: Findings from an experiment an study on user involvement [J]. Creativity and Innovation Management, 2002, 11 (1): 55-61.

[105] Kwaku A G. Differential potency of factors affecting innovation performance in manufacturing and services firms in Australia [J]. Journal of Product Innovation Management, 1996, 13 (1): 35-52.

[106] Lee J N. The impact of knowledge sharing, organizational capability and partnership quality on IS outsourcing success [J]. Information & Management, 2001, 38 (5): 323-335.

[107] Lee, Miller. Balancing performance measures [J]. Journal of Accounting Research, 2001 (39): 75-92.

[108] Lengnick-Hall, C. A. Customer contribution to quality: A Dif-

ferent View of the Customer-oriented Firm [J]. Academy of Management Review, 1996, 21 (3): 791-824.

[109] Li M, Wu G D, Lai X D. Capacity coordination mechanism for supply chain under supply-demand uncertainty [J]. International Journal of Simulation Modelling, 2014, 13 (3): 364-376.

[110] Liao S H, Chang J C, Cheng S C, et al. Employee relationship and knowledge sharing: A case study of a Taiwanese finance and securities firm [J]. Knowledge Management Research and Practice, 2004, 2 (1): 24-34.

[111] Lichtenthaler U, Ernst H. Attitudes to Externally Organising Knowledge Management Tasks: A Review, Reconsideration and Extension of the NIH Syndrome [J]. R&D Management, 2006, 36 (4): 367-386.

[112] Lin H F. Effects of extrinsic and intrinsic motivation on employee knowledge sharing intentions [J]. Journal of Information Science, 2007, 33 (2): 135-149.

[113] Liu L L, Chen X G. Service Innovation Mechanism Based on Customer-Employee Interaction [C] //Management Science and Engineering, 2007. ICMSE 2007. International Conference on. IEEE, 2007: 1049-1054.

[114] Lloyd C, King R. Consumer and carer participation in mental health services [J]. Australasian Psychiatry, 2003, 11 (2): 180-184.

[115] Love lock C H. Classifying services to gain strategic marketing insights [J]. Journal of Marting, 1983, 47 (2): 9-20.

[116] Lu L, Leung K, Koch P T. Managerial knowledge sharing: The role of individual, interpersonal, and organizational factors [J]. Management and Organization Review, 2006, 2 (1): 15-41.

[117] Luteberget A. Customer involvement in new service development: How does customer involvement enhance new service success [D]. Agder Uni-

versity, 2005.

[118] Luthje C. Characteristics of innovating user in a consumer goods field: An empirical study of sport-related product consumer [J]. Technovation, 2004, 24 (9): 683-695.

[119] Luthje, Christian. Characteristics of innovating users in a consumer goods field, an empirical study of sport related product consumers [D]. MITS loan School of Management, 2000.

[120] MacCallum R C, Hong S. Power analysis in covariance structure modeling using GFI and AGFI [J]. Multivariate Behavioral Research, 1997, 32 (2): 193-210.

[121] Mansury M A, Love J H. Innovation, productivity and growth in US business services: A firm-level analysis [J]. Technovation, 2008, 28 (1): 52-62.

[122] Marianne Abramovici, Laurence Bancel Charensol. How to take customers into consideration in service innovation projects [J]. Service Industries Journal, 2004, 24 (24): 56-78.

[123] Martin C R, Horne D A. Level of success inputs for service innovations in the same firm [J]. International Journal of Service Industry Management, 2010, 6 (6): 40-56.

[124] Matear S, Osborne P, Garrett T, et al. How does market orientation contribute to service firm performance? An examination of alternative mechanisms [J]. European Journal of Marketing, 2002, 36 (36): 1058-1075.

[125] Matthing J, Sanden B, Edvardsson B. New Service Development: Learning from and withCustomers [J]. International Journal of Service Industry Management, 2004, 15 (5): 479-498.

[126] Mcgraw K O, Mccullers J C. Evidence of a detrimental effect of

extrinsic incentives on breaking a mental set [J]. Journal of Experimental Social Psychology, 1979, 15 (3): 285-294.

[127] Menor L. New service development: Areas for exploitation and exploration [J]. Journal of Operations Management, 2002, 20 (2): 135-157.

[128] Mills P K, Chase R B, Margulies N. Motivating the client/employee system as a service production strategy [J]. Academy of Management Review, 1983, 8 (2): 301-310.

[129] Mills P K, Morris J H. Clients as "Partial" Employees of Service Organizations: Role Development in Client Participation [J]. The Academy of Management Review, 1986, 11 (4): 726-735.

[130] Mina A, Bascavusoglu-Moreau E, Hughes A. Open service innovation and the firm's search for external knowledge [J]. Research Policy, 2014, 43 (5): 853-866.

[131] Mustak M. Service innovation in networks: A systematic review and implications for business -to -business service innovation research [J]. Journal of Business & Industrial Marketing, 2014, 29 (2): 151-163.

[132] Namasivayam K. The consumer as "transient employee": Consumer satisfaction through the lens of job-performance models [J]. International Journal of Service Industry Management, 2003, 14 (4): 420-435.

[133] Nambisan S. Designing Vrtual Customer Environment for New Product Development: Toward a Theory [J]. Academy of Management Review, 2002, 27 (3): 392-413.

[134] Nawaz N. Review of Knowledge Management in Higher Education Institutions [J]. European Journal of Business & Management, 2014, 7 (6): 71-79.

[135] Netessine S, Dobson G, Shumsky R. Flexible service capacity: Optimal investment and the impact of demand corralation [J]. Operations Re-

search, 2002, 50 (2): 375-388.

[136] Nix G A, Ryan R M, Manly J B, et al. Revitalization through self-regulation: The effects of autonomous and controlled motivation on happiness and vitality [J]. Journal of Experimental Social Psychology, 1999, 35 (3): 266-284.

[137] Nunnally J C. Psychometric theory [M]. New York: McGraw-Hill, 1967.

[138] OLAON E L, BAKKE G. Implementing the Lead User Method in a High Technology Firm: A Longitudinal Study of Intentions versus Actions [J]. The Journal of Product Innovation Management, 2001, 18 (6): 388-395.

[139] Organ D W, Ryan K. Ameta-analytic review of attitudinal and dispositinal predictors of organizational citizenship behavior[J]. Personnel Paychology, 1995, 48 (4): 755-802.

[140] Osterloh M, Frey B S. Motivation, knowledge transfer, and organizational forms [J]. Organization Science, 2000, 11 (5): 538-550.

[141] Park, Mitsuhashi, Fey, Bjorkman. The economics of property rights: Towards a theory of comparative systems [M]. Kluner Academic Publichers, 2003.

[142] Pertusa-Ortega E M, Molina-Azorin J F, Claver-Cortes E. Competitive strategy, structure and firm performance: A comparison of the resource-based view and the contingency approach [J]. Management Decision, 2010, 48 (8): 1282-1303.

[143] Porter L W, Lawler E E. Managerial attitudes and performance [J]. Organization Studies, 1968 (1): 7-9.

[144] Porter L W, Lawler E E. What job attitudes can tell us about employee otivation [J]. Harvard Business Review, 1968, 46 (1): 118-126.

［145］ Prahalad C K， Hamel G. The core competence of the corporation ［M］. Boston： Social Science Electronic Publishing， 1990.

［146］ Prahalad C K， Ramaswamy V. Coopting customer competence ［J］. Harvard Business Review， 2000， 78（1）： 79-87.

［147］ Preacher K J， Hayes A F. Asymptotic and resembling strategies for assessing and comparing indirect effects in multiple mediator models ［J］. Behavior Research Methods， 2008， 40（3）： 879-891.

［148］ Preacher K J， Hayes A F. SPSS and SAS procedures for estimating indirect effects in simple mediation models ［J］. Behavior Research Methods， Instruments & Computers， 2004， 36（4）： 717-731.

［149］ Prescott E C， Visscher M. Organization Capital ［J］. Journal of Political Economy， 1980， 88（3）： 446-61.

［150］ Pullins E， Bolman. An Exploratory Investigation of the Relationship of Sales Force Compensation and Intrinsic Motivation ［J］. IndustrialMarketing Management， 2001， 30（5）： 403-413.

［151］ Quigley N R， Tesluk P E， Locke E A， et al. A multilevel investigation of the motivational mechanisms underlying knowledge sharing and performance ［J］. Organization Science， 2007， 18（1）： 71-88.

［152］ Rich J T， Larson J A. Why some long-term incentives fail ［J］. Compensation & Benefits Review， 1984， 16（1）： 26-37.

［153］ Ritter T， Gemünden H G. Network competence： Its impact on innovation success and its antecedents ［J］. Journal of Business Research， 2003， 56（9）： 745-755.

［154］ Ritter T， Walter A. Relationship-specific antecedents of customer involvement in new product development ［J］. International Journal of Technology Management， 2003， 26（5/6）： 482-502.

［155］ Robinson S L. Trust and breach of the psychological contract ［J］.

Administrative Science Quarterly, 1996, 41（4）: 574-599.

［156］Rodie A R, Kleine S S. Customer participation in services pro-
duction and delivery ［C］. Handbook of Services Marketing and Management,
Sage Publications Thous and Oaks, CA, 2000: 111-125.

［157］Rosenberg N. Inside the black box: Technology and Economics
［M］. New York: Cambridge University Press, 1982.

［158］Ryan R M, Deci E L. Self-determination theory and the facilita-
tion of intrinsic motivation, Social development, and well-being ［J］. American
Psychologist, 2000, 55（1）: 68-78.

［159］Sarewitz D, Pielke R A. The neglected heart of science policy:
Reconciling supply of and demand for science ［J］. Environmental Science &
Policy, 2007, 10（1）: 5-16.

［160］Sheldon K M, Ryan R M, Rawsthorne L J, et al. Trait self and
true self: Cross-role variation in the Big-Five personality traits and its rela-
tions with psychological authenticity and subjective well-being ［J］. Journal of
Personality and Social Psychology, 1997, 73（6）: 1380.

［161］Sidhu J S, Commandeur H R, Volberda H W. The multifaceted
nature of exploration and exploitation: Value of supply, demand, and spatial
search for innovation ［J］. Organization Science, 2007, 18（1）: 20-38.

［162］Silpakit P, Fisk R P. Participatizing the service encounter: Atheo-
retical framework ［R］. Services Marketing in a Changing Environment, Amer-
ican Marketing Association, Chicago, IL, 1985: 117-121.

［163］Sirilli G, Evangelista R. Innovation in the service sector results
from the Italian statistical survey ［J］. Technological Forecasting and Social
Change, 1998, 58（3）: 251-269.

［164］Skaggs B C, Youndt M. Strategic positioning, human capital,
and performance in service organizations: A customer interaction approach

［J］. Strategic Management Journal, 2004, 25（1）: 85-99.

［165］ Smit H. Service-Oriented Paradigms in Industrial Automation ［J］. Management Science, 2005, 1（1）: 27-29.

［166］ Smith H A, Mckeen J D. Developments in practicecustomer knowledgemanagement: Adding value for our customers ［J］. Communications of the Association for Information Systems, 2005（16）: 744-755.

［167］ Spender J C. Making Knowledge the Basis of a Dynamic Theory of the Firm ［J］. Strategic Management Journal, 1996, 17（S2）: 45-62.

［168］ Spreitzer G M. Psychological empowerment in the workplace: Dimensions, measurement, and validation ［J］. AMJ, 1995, 38（5）: 1442-1465.

［169］ Stidham S. Pricing and capacity decisions for a service facility: Stability and multiple local optima ［J］. Management Science, 1992, 38（8）: 1121-1139.

［170］ Sveiby K E. A knowledge-based theory of the firm to guide in strategy formulation ［J］. Journal of Intellectual Capital, 2001, 2（4）: 344-358.

［171］ Swann W B, Schroeder D G. The search for beauty and truth: A framework for understanding reactions to evaluations ［J］. Personality and Social Psychology Bulletin, 1995（21）: 1307-1318.

［172］ Szulanski G. Exploring internal stickiness: Impediments to the transfer of best practice within the firm ［J］. Strategic Management Journal, 1996, 17（S2）: 27-43.

［173］ T Robinson C M, Clarke-Hill C R, Larkson. Differentiation through service: A perspective from the commodity chemicals sector ［J］. The Service Industries Journal, 2002, 3（22）: 149-166.

［174］ Taylor W A, Wright G H. Organizational readiness for successful knowledge sharing: Challenges for public sector managers [J]. Information Resources Management Journal (IRMJ), 2004, 17 (2): 22-37.

[175] Teece D J. Dynamic capabilities and strategic management [J]. Strategic Management Journal, 1997, 18 (7): 509-533.

[176] Ullman J B, Bentler P M. Structural equation modeling [M]. John Wiley & Sons, Inc., 2003.

[177] Vandermerwe, S., J. Rada. Servitization of business: Adding value by adding services [J]. European Management Journal, 1988, 6 (4): 314-324.

[178] Veryzer R W. Discontinuous innovation and the new product development process [J]. Journal of product Manufacturing Technology Management, 2009, 20 (5): 591-605.

[179] Von Hipplel E. The Sources of Innovation [M]. Oxford: Oxford University Press, 1988.

[180] Voss C A. Measurement of innovation and design performance in services [J]. Design Management Journal, 2010, 3 (1): 40-46.

[181] W Betz. High temperature alloys for gas turbines and other applications, 1986: Proceedings of a conference held in Liege, Belgium, 6-9 October 1986 [M]. Springer Science & Business Media, 1987.

[182] Wernerfelt B. A resource-based view of the firm [J]. Strategic Management Journal, 1984, 5 (5): 171-180.

[183] White A S. Management of inventory using control theory [J]. International Journal of Technology Management, 1999, 17 (7-8): 847-860.

[184] William R K, Peter V M. Motivating knowledge sharing through a knowledge management system [J]. International Journal of Management Science, 2008, 36 (1): 131-146.

[185] Windahl C, Lakemond N. Integrated solutions from a service-cen-

tered perspective: Applicability and limitations in the capital goods industry [J]. Industrial Marketing Management, 2010, 39 (8): 1278-1290.

[186] Wise R, Baumgartner P. Go downstream-the new profit imperative in manufacturing [J]. Havard Business Review, 1999, 77 (5): 133-141.

[187] Yakhlef A, Lundkvist A. Customer Involvement in New Service Development: A Conversational Approach [J]. Journal of Service Theory & Practice, 2004, 14 (2/3): 249-257.

[188] Yang J T. Knowledge sharing: Investigating appropriate leadership roles and collaborative culture [J]. Tourism Management, 2007, 28 (2): 530-543.

[189] Yli-Renko H, Autio E, Sapienza H J. Social capital, knowledge acquisition, and knowledge exploitation in young technology-based firms [J]. Strategic Management Journal, 2001, 22 (6-7): 587-613.

[190] Zarraga C, Bonache J. Assessing the team environment for knowledge sharing: An empirical analysis [J]. International Journal of Human Resource, 2003, 14 (7): 1227-1245.

[191] Zhang X, Chen R. Examining the mechanism of the value co-creation with customers [J]. International Journal of Production Economics, 2008, 116 (2): 242-250.

[192] 白鸥, 魏江, 斯碧霞. 关系还是契约: 服务创新网络治理和知识获取困境 [J]. 科学学研究, 2015, 33 (9): 1432-1440.

[193] 蔡晓. 顾客参与服务创新研究 [D]. 厦门大学博士学位论文, 2013.

[194] 蔡雨阳, 黄丽华, 黄岩等. 组织学习: 影响因子和信息技术的冲击 [J]. 中国软科学, 2000 (1): 96-100.

[195] 陈永顺, 吕贵兴. 顾客参与式服务创新路径探讨 [J]. 中国集体经济, 2008 (8): 47-48.

［196］程东全，顾锋，耿勇. 服务型制造中的价值链体系构造及运行机制研究［J］. 管理世界，2011（12）：180-181.

［197］崔嘉琛，林文进，王帅，等. 服务型制造模式下的顾客价值传递机制研究［J］. 工业工程与管理，2011（4）：103-107.

［198］邓丰田. 知识密集型服务业顾客参与对新服务开发绩效的影响研究［D］. 浙江工商大学博士学位论文，2011.

［199］杜鸿儒，阮金钟. 组织支持感与员工工作态度：组织信任中介作用的实证研究［J］. 南大商学评论，2006（4）：97-116.

［200］郭红丽. 顾客体验管理的概念、实施框架与策略［J］. 工业工程与管理，2006，11（3）：119-123.

［201］郭婧，苏秦，孙林岩. 外部激励对产品创新中个人创造力的影响［J］. 科学学与科学技术管理，2015，36（1）：162-170.

［202］何会涛，彭纪生. 基于员工—组织关系视角的人力资源管理实践、组织支持与知识共享问题探讨［J］. 外国经济与管理，2008，30（12）：52-58.

［203］何晓群. 现代统计分析方法与应用［M］. 北京：中国人民大学出版社，2004.

［204］贺伟，龙立荣. 内外在薪酬组合激励模型研究［J］. 管理评论，2011，23（9）：93-101.

［205］贾薇，张明立，王宝. 服务业中顾客参与对顾客价值创造影响的实证研究［J］. 管理评论，2011（5）：61-69.

［206］简兆权，张鲁艳，柳仪，伍卓深. 社会资本、知识管理与服务创新绩效的关系研究［A］. //中国管理现代化研究会、复旦管理学奖励基金会. 第八届（2013）中国管理学年会——技术与创新管理分会场论文集［C］. 中国管理现代化研究会、复旦管理学奖励基金会，2013，8.

［207］金辉，吴洁，尹洁. 内生和外生视角下组织激励问题的研究综述及展望［J］. 江苏科技大学学报（社会科学版），2011，11（3）：93-101.

[208] 金辉. 基于匹配视角的内外生激励、知识属性与知识共享意愿的关系研究 [J]. 研究与发展管理，2014，26（3）：74-85.

[209] 金辉. 内、外生激励因素与员工知识共享：挤出与挤入效应 [J]. 管理科学，2013，26（3）：31-44.

[210] 李清政，徐朝霞. 顾客共同生产对服务创新绩效的影响机制——基于知识密集型服务企业在 B2B 情境下的实证研究 [J]. 中国软科学，2014（8）：120-130.

[211] 李伟铭，崔毅，陈泽鹏，王明伟. 技术创新政策对中小企业创新绩效影响的实证研究——以企业资源投入和组织激励为中介变量 [J]. 科学学与科学技术管理，2008（9）：61-65.

[212] 李晓方. 激励设计与知识共享——百度内容开放平台知识共享制度研究 [J]. 科学学研究，2015，33（2）：272-278.

[213] 李耀，王新新. 价值的共同创造与单独创造及顾客主导逻辑下的价值创造研究评介 [J]. 外国经济与管理，2011，33（9）：43-50.

[214] 李永周，刘小龙，刘旸. 社会互动动机对知识团队隐性知识传递的影响研究 [J]. 中国软科学，2013（12）：128-137.

[215] 蔺雷，吴贵生. 服务创新 [M]. 北京：清华大学出版社，2003：16-18.

[216] 刘婧. 顾客心理契约、顾客满意与顾客个人创新行为的关系研究 [J]. 经济师，2013（11）：44-47.

[217] 刘云，石金涛. 组织创新气氛与激励偏好对员工创新行为的交互效应 [J]. 管理世界，2009（10）：88-101.

[218] 卢俊义，王永贵. 顾客参与服务创新与创新绩效的关系研究——基于顾客知识转移视角的理论综述与模型构建 [J]. 管理学报，2011，8（10）：1566-1574.

[219] 鲁若愚，段小华，张鸿. 制造业的服务创新与差别化战略 [J]. 四川大学学报（哲学社会科学版），2000（6）：16-20.

［220］吕秉梅.谈企业的文化竞争［J］.安徽商业专科学校学报，2000（3）.

［221］马庆国.管理科学研究方法与研究生学位论文的评判参考标准［J］.管理世界，2004（12）：99-108，145.

［222］马庆国.中国管理科学研究面临的几个关键问题［J］.管理世界，2002（8）：105-115，140.

［223］彭新敏.权变视角下的网络联结与组织绩效关系研究［J］.科研管理，2009，30（3）：47-55.

［224］舒伯阳，余日季.服务利润链与盈利成长方向的服务创新［J］.经济管理，2005（21）：85-89.

［225］涂永式，任重.消费者创新：营销理论的新发展［J］.市场营销导刊，2008，16（1）：20-24.

［226］王琳，魏江，周丹.顾企交互对 KIBS 企业服务创新绩效的作用机制研究［J］.研究与发展管理，2015（3）：126-136.

［227］王龙伟，王刊良，李垣.关系激励管理对供求企业绩效影响的实证研究［J］.中国管理科学，2003，11（4）：86-91.

［228］王永贵，姚山季，瞿燕舞.消费者参与创新体验的理论探索——对操作说明、感知复杂性、胜任感和自治感关系的实验研究［J］.管理学报，2011（7）：1004-1009.

［229］吴明隆.结构方程模型：AMOS 的操作与应用［M］.重庆：重庆大学出版社，2009.

［230］吴明隆.问卷统计分析实务——SPSS 操作与应用［M］.重庆：重庆大学出版社，2010.

［231］谢荷锋，刘超.基于多元理论视角下的企业员工知识分享的激励机制研究［J］.研究与发展管理，2014（2）：38-48.

［232］谢荷锋，马庆国.组织氛围对员工非正式知识分享的影响［J］.科学学研究，2007，25（2）：306-311.

［233］谢永平，党兴华，毛雁征.技术创新网络核心企业领导力与网络绩效研究［J］.预测，2012，31（5）：21-27.

［234］徐碧祥.员工信任对其知识整合与共享意愿的作用机制研究［D］.浙江大学博士学位论文，2007.

［235］徐岚.顾客为什么创造——消费者参与创造的动机研究［J］.心理学报，2007，39（2）：343-354.

［236］杨志蓉.团队快速信任、互动行为与团队创造力研究［D］.浙江大学博士学位论文，2006.

［237］姚山季，王永贵.顾客参与新产品开发及其绩效影响：关系嵌入的中介机制［J］.管理工程学报，2012（4）：39-48，83.

［238］游达明，杨晓辉，朱桂菊.多主体参与下企业技术创新模式动态选择研究［J］.中国管理科学，2015（3）：151-158.

［239］袁平，刘艳彬，李兴森.互动导向、顾客参与创新与创新绩效的关系研究［J］.科研管理，2015，36（8）：52-59.

［240］张红琪，鲁若愚.多主体参与的服务创新影响机制实证研究［J］.科研管理，2014，35（4）：103-110.

［241］张红琪，鲁若愚.基于顾客参与的服务创新中顾客类型的研究［J］.电子科技大学学报（社会科学版），2010，12（1）：25-29.

［242］张若勇，刘新梅，王海珍，聂锟.顾客—企业交互对服务创新的影响：基于组织学习的视角［J］.管理学报，2010，7（2）：218-224.

［243］张若勇，刘新梅，张永胜.顾客参与和服务创新关系研究：基于服务过程中知识转移的视角［J］.科学学与科学技术管理，2007（10）：92-97.

［244］张童.顾客参与服务创新及其与企业互动程度研究综述［J］.辽宁大学学报（哲学社会科学版），2013，41（4）：77-81.

［245］张伟豪.SEM论文写作不求人［J］.统计发行，2011（1）：4.

［246］张文敏.制造商的商品体验化战略［J］.销售与市场（管理版），

2010（8）：94-95.

　　［247］张永成，郝冬冬. 开放式创新下的知识共同创造机理［J］. 情报杂志，2011，30（9）：132-138.

　　［248］赵益维，陈菊红，王命宇，冯庆华. 制造业企业服务创新——动因、过程和绩效研究综述［J］. 中国科技论坛，2003（2）：78-81.

附　录

附录 1　初始调查问卷

一、观念共识

题号	题目内容	完全不符合	不符合	一般	符合	完全符合
GNGS1	顾客愿意经常向我们提供产品的维修记录和损坏位置	1	2	3	4	5
GNGS2	顾客打算和我们更频繁地分享他们的工作经验以及工作体会	1	2	3	4	5
GNGS3	如果我们向顾客询问关于服务改善所需要的知识时，顾客会愿意告知我们	1	2	3	4	5

二、知识共享

题号	题目内容	完全不符合	不符合	一般	符合	完全符合
ZSGX1	顾客经常向我们提供产品的维修记录和损坏位置	1	2	3	4	5
ZSGX2	当我们询问顾客关于产品改善所需要的知识时，顾客会告知我们	1	2	3	4	5
ZSGX3	顾客很频繁地向我们提供产品使用情况	1	2	3	4	5

三、知识共创

题号	题目内容	完全不符合	不符合	一般	符合	完全符合
ZSGC1	当产品/服务使用过程中遇到问题时，顾客经常和我们一起解决	1	2	3	4	5
ZSGC2	当产品/服务需要改善升级时，顾客经常给我们提供建议或对策	1	2	3	4	5
ZSGC3	顾客很频繁地向我们分享顾客的工作经验以及工作体会	1	2	3	4	5
ZSGC4	顾客会尝试更有效的方式向我们提供顾客在其他培训中获得的专业知识或技能					

四、物质奖励

题号	题目内容	完全不符合	不符合	一般	符合	完全符合
WZJL1	向企业提供产品/服务知识，会增加我们得到一定分红或折扣的可能性	1	2	3	4	5
WZJL2	向企业提供产品/服务知识，希望企业给我们提供更多售后保障	1	2	3	4	5
WZJL3	向企业提供产品/服务知识，有利于我们更好地使用产品/服务	1	2	3	4	5

五、互惠关系

题号	题目内容	完全不符合	不符合	一般	符合	完全符合
HHGX1	向企业提供使用产品/服务时的知识，会有助于增强我们和企业之间的关系	1	2	3	4	5
HHGX2	向企业提供使用产品/服务时的知识，一起解决使用产品/服务过程中的问题，会有助于扩大我们和企业之间的联系范围	1	2	3	4	5
HHGX3	向企业提供使用产品/服务时的知识，一起解决使用产品/服务过程中的问题，会有助于我们和企业更为融洽地合作	1	2	3	4	5

六、自我效能感

题号	题目内容	完全不符合	不符合	一般	符合	完全符合
ZWXNG1	我们自信能为企业提供他们认为有价值的知识	1	2	3	4	5
ZWXNG2	我们拥有为企业提供有价值知识的所需技能	1	2	3	4	5
ZWXNG3	企业采取我们的创新建议时，我们感到很自豪	1	2	3	4	5

七、自我胜任感

题号	题目内容	完全不符合	不符合	一般	符合	完全符合
ZWXNG1	我们提供/共享/共同创造的知识在企业的产品/服务中得到应用时，我们觉得很自豪	1	2	3	4	5
ZWXNG2	我们提供/共享/共同创造的知识使得企业的产品/服务中的问题得到解决时，我们觉得很有成就感	1	2	3	4	5
ZWXNG3	我们很享受通过提供/共享/共同创造知识来帮助企业进行产品/服务创新的过程	1	2	3	4	5

八、服务创新绩效

题号	题目内容	完全不符合	不符合	一般	符合	完全符合
FWCXJX1	与竞争对手相比，我们企业的总利润水平较高	1	2	3	4	5
FWCXJX2	与竞争对手相比，我们企业在全国范围内的市场份额水平较高	1	2	3	4	5
FWCXJX3	与竞争对手相比，我们企业的销售年增长率较高	1	2	3	4	5

九、背景资料

这部分问题属于贵企业和您个人的背景资料，请您根据实际的情况在方框内打"√"。

题号	题目内容	A	B	C	D	E
1	贵企业成立年限	5年及以下	6~10年	11~15年	16~20年	21年及以上
2	贵企业产权性质	民营企业	国有独资企业	国有控股企业	外资企业（含合资）	其他
3	贵企业注册资本	100万元以下	100万~500万元	501万~1000万元	1001万~3000万元	3000万元以上
4	您在该企业的累计工作年限	3年及以下	4~6年	7~9年	10~12年	13年及以上
5	贵企业所属行业	装备制造业	汽车制造业	电子设备制造业	石油化工制造业	其他
6	贵企业是否属于创新型企业	创新型	保守型			

本问卷填写到此结束，烦请您检查所有问题是否均已作答，谢谢！

再次谢谢您的帮助，祝您身体健康，工作顺利！

附录 2　调查问卷 I （顾客汇报）

尊敬的女士/先生：

非常感谢您能在百忙之中接受本次问卷调查。本次调研目的在于探索"顾客激励、顾客参与和服务创新绩效之间的关系及其作用机理"，旨在为我国服务型制造企业的知识管理和服务创新提供一定的指导。

为了能帮助您更好地回答本问卷，请您在填写中注意以下事项：

1. 全面答题。由于您的回答对本课题的研究结论至关重要，我们会非常珍视您对每一项问题的回答。

2. 据实填写。本问卷采取匿名填写的方式，答案没有对错之分，所以恳请您根据贵公司的真实情况和您个人的真实感受来答题。

3. 保证单选。问卷中所有问题均为单选题，每个问题只能选择一个答案。请您在您认为最符合的选项上画"√"。

另外，我们郑重承诺：我们将恪守科学研究的道德规范，我们将会对所有参与调研的企业以及员工的数据保密，所获得的所有数据仅供学术研究之用。

就像企业的成长和成功离不开各种资源一样，您的参与就是研究工作得到发展的源泉，感谢您对学术研究的支持与信赖！对您的真诚合作致以最衷心的感谢！

期待您返回问卷，并倾听您的任何建议或意见。

一、物质奖励

答案"1~5"表示你对题目看法的程度，1 代表完全不符合、2 代表不符合、3 代表一般、4 代表符合、5 代表完全符合。请在表格右边符合您看法的数字上画"√"。

题号	题目内容	完全不符合	不符合	一般	符合	完全符合
WZJL1	向企业提供产品/服务知识，会增加我们得到一定分红或折扣的可能性	1	2	3	4	5
WZJL2	向企业提供产品/服务知识，希望企业给我们提供更多售后保障	1	2	3	4	5
WZJL3	向企业提供产品/服务知识，有利于我们更好地使用产品/服务	1	2	3	4	5

二、互惠关系

题号	题目内容	完全不符合	不符合	一般	符合	完全符合
HHGX1	向企业提供使用产品/服务时的知识，会有助于增强我们和企业之间的关系	1	2	3	4	5
HHGX2	向企业提供使用产品/服务时的知识，一起解决使用产品/服务过程中的问题，会有助于扩大我们和企业之间的联系范围	1	2	3	4	5
HHGX3	向企业提供使用产品/服务时的知识，一起解决使用产品/服务过程中的问题，会有助于我们和企业更为融洽地合作	1	2	3	4	5

三、自我效能感

题号	题目内容	完全不符合	不符合	一般	符合	完全符合
ZWXNG1	我们自信能为企业提供他们认为有价值的知识	1	2	3	4	5
ZWXNG2	我们拥有为企业提供有价值知识的所需技能	1	2	3	4	5
ZWXNG3	企业采取我们的创新建议时，我们感到很自豪	1	2	3	4	5

四、自我胜任感

题号	题目内容	完全不符合	不符合	一般	符合	完全符合
ZWXNG1	我们提供/共享/共同创造的知识在企业的产品/服务中得到应用时，我们觉得很自豪	1	2	3	4	5
ZWXNG2	我们提供/共享/共同创造的知识使得企业的产品/服务中的问题得到解决时，我们觉得很有成就感	1	2	3	4	5
ZWXNG3	我们很享受通过提供/共享/共同创造知识来帮助企业进行产品/服务创新的过程	1	2	3	4	5

五、背景资料

这部分问题属于贵企业的背景资料，请您根据实际的情况在方框内打"√"。

题号	题目内容	A	B	C	D	E
1	贵企业成立年限	5 年及以下	6~10 年	11~15 年	16~20 年	21 年及以上
2	贵企业产权性质	民营企业	国有独资企业	国有控股企业	外资企业（含合资）	其他
3	贵企业注册资本	100 万元以下	100 万~500 万元	501 万~1000 万元	1001 万~3000 万元	3000 万元以上
4	您在该企业的累计工作年限	3 年及以下	4~6 年	7~9 年	10~12 年	13 年及以上
5	贵企业所属行业	装备制造业	汽车制造业	电子设备制造业	石油化工制造业	其他
6	贵企业是否属于创新型企业	创新型	保守型			

本问卷填写到此结束，烦请您检查所有问题是否均已作答，谢谢！

再次谢谢您的帮助，祝您身体健康，工作顺利！

附录 3 调查问卷 II （企业汇报）

尊敬的女士/先生：

非常感谢您能在百忙之中接受本次问卷调查。我们本次调研目的在于探索"顾客激励、顾客参与和服务创新绩效之间的关系及其作用机理"，旨在为我国服务型制造企业的知识管理和服务创新提供一定的指导。

您作为企业的管理人员，能够很好地观察使用贵企业产品/服务的顾客参与创新行为。请您根据实际情况，对"顾客参与创新行为"予以评价。问卷中所有问题均为单选题，答案没有对错之分，每个问题只能选择一个答案，请您在您认为最符合的选项上画"√"。

另外，我们郑重承诺：我们将恪守科学研究的道德规范，我们将会对所有参与调研的企业以及员工的数据保密，所获得的所有数据仅供学术研究之用。

填写调查问卷前请您先在下表中依次填写参与贵企业创新的顾客企业名单，以便我们进行后续的问卷调查。

编号	顾客企业名称	编号	顾客企业名称
A		F	
B		G	
C		H	
D		I	
E		J	

这部分问题属于贵企业的背景资料，请您根据实际的情况在方框内打"√"。

题号	题目内容	A	B	C	D	E
1	贵企业成立年限	5 年及以下	6~10 年	11~15 年	16~20 年	21 年及以上
2	贵企业员工人数	50 人以下	51~100 人	101~500 人	501~1000 人	1000 人以上
3	贵企业产权性质	民营企业	国有独资企业	国有控股企业	外资企业（含合资）	其他
4	贵企业注册资本	100 万元以下	100 万~500 万元	501 万~1000 万元	1001 万~3000 万元	3000 万元以上
5	您的性别	男	女			

以下是对 A 顾客参与创新行为的描述，请您根据您的同意程度进行选择。

题号	题目内容	完全不符合	不符合	一般	符合	完全符合
GNGS1	顾客愿意经常向我们提供产品的维修记录和损坏位置	1	2	3	4	5
GNGS2	顾客打算和我们更频繁地分享他们的工作经验以及工作体会	1	2	3	4	5
GNGS3	如果我们向顾客询问关于服务改善所需要的知识时，顾客会愿意告知我们	1	2	3	4	5
ZSGX1	顾客经常向我们提供产品的维修记录和损坏位置	1	2	3	4	5
ZSGX2	当我们询问顾客关于产品改善所需要的知识时，顾客会告知我们	1	2	3	4	5
ZSGX3	顾客很频繁地向我们提供产品使用情况	1	2	3	4	5
ZSGC1	当产品/服务使用过程中遇到问题时，顾客经常和我们一起解决	1	2	3	4	5
ZSGC2	当产品/服务需要改善升级时，顾客经常给我们提供建议或对策	1	2	3	4	5
ZSGC3	顾客很频繁地向我们分享顾客的工作经验以及工作体会	1	2	3	4	5
ZSGC4	顾客会尝试更有效的方式向我们提供顾客在其他培训中获得专业知识或技能	1	2	3	4	5
FWCXJX1	与竞争对手相比，我们企业的总利润水平较高	1	2	3	4	5

续表

题号	题目内容	完全 不符合	不符合	一般	符合	完全 符合
FWCXJX2	与竞争对手相比，我们企业在全国范围内的市场份额水平较高	1	2	3	4	5
FWCXJX3	与竞争对手相比，我们企业的销售年增长率较高	1	2	3	4	5

以下是对 B 顾客参与创新行为的描述，请您根据您的同意程度进行选择。

题号	题目内容	完全不 符合	不符合	一般	符合	完全 符合
GNGS1	顾客愿意经常向我们提供产品的维修记录和损坏位置	1	2	3	4	5
GNGS2	顾客打算和我们更频繁地分享他们的工作经验以及工作体会	1	2	3	4	5
GNGS3	如果我们向顾客询问关于服务改善所需要的知识时，顾客会愿意告知我们	1	2	3	4	5
ZSGX1	顾客经常向我们提供产品的维修记录和损坏位置	1	2	3	4	5
ZSGX2	当我们询问顾客关于产品改善所需要的知识时，顾客会告知我们	1	2	3	4	5
ZSGX3	顾客很频繁地向我们提供产品使用情况	1	2	3	4	5
ZSGC1	当产品/服务使用过程中遇到问题时，顾客经常和我们一起解决	1	2	3	4	5
ZSGC2	当产品/服务需要改善升级时，顾客经常给我们提供建议或对策	1	2	3	4	5
ZSGC3	顾客很频繁地向我们分享顾客的工作经验以及工作体会	1	2	3	4	5
ZSGC4	顾客会尝试更有效的方式向我们提供顾客在其他培训中获得专业知识或技能	1	2	3	4	5
FWCXJX1	与竞争对手相比，我们企业的总利润水平较高	1	2	3	4	5
FWCXJX2	与竞争对手相比，我们企业在全国范围内的市场份额水平较高	1	2	3	4	5
FWCXJX3	与竞争对手相比，我们企业的销售年增长率较高	1	2	3	4	5

以下是对 C 顾客参与创新行为的描述，请您根据您的同意程度进行选择。

题号	题目内容	完全不符合	不符合	一般	符合	完全符合
GNGS1	顾客愿意经常向我们提供产品的维修记录和损坏位置	1	2	3	4	5
GNGS2	顾客打算和我们更频繁地分享他们的工作经验以及工作体会	1	2	3	4	5
GNGS3	如果我们向顾客询问关于服务改善所需要的知识时，顾客会愿意告知我们	1	2	3	4	5
ZSGX1	顾客经常向我们提供产品的维修记录和损坏位置	1	2	3	4	5
ZSGX2	当我们询问顾客关于产品改善所需要的知识时，顾客会告知我们	1	2	3	4	5
ZSGX3	顾客很频繁地向我们提供产品使用情况	1	2	3	4	5
ZSGC1	当产品/服务使用过程中遇到问题时，顾客经常和我们一起解决	1	2	3	4	5
ZSGC2	当产品/服务需要改善升级时，顾客经常给我们提供建议或对策	1	2	3	4	5
ZSGC3	顾客很频繁地向我们分享顾客的工作经验以及工作体会	1	2	3	4	5
ZSGC4	顾客会尝试更有效的方式向我们提供顾客在其他培训中获得专业知识或技能	1	2	3	4	5
FWCXJX1	与竞争对手相比，我们企业的总利润水平较高	1	2	3	4	5
FWCXJX2	与竞争对手相比，我们企业在全国范围内的市场份额水平较高	1	2	3	4	5
FWCXJX3	与竞争对手相比，我们企业的销售年增长率较高	1	2	3	4	5

以下是对 D 顾客参与创新行为的描述，请您根据您的同意程度进行选择。

题号	题目内容	完全不符合	不符合	一般	符合	完全符合
GNGS1	顾客愿意经常向我们提供产品的维修记录和损坏位置	1	2	3	4	5
GNGS2	顾客打算和我们更频繁地分享他们的工作经验以及工作体会	1	2	3	4	5
GNGS3	如果我们向顾客询问关于服务改善所需要的知识时，顾客会愿意告知我们	1	2	3	4	5
ZSGX1	顾客经常向我们提供产品的维修记录和损坏位置	1	2	3	4	5
ZSGX2	当我们询问顾客关于产品改善所需要的知识时，顾客会告知我们	1	2	3	4	5
ZSGX3	顾客很频繁地向我们提供产品使用情况	1	2	3	4	5
ZSGC1	当产品/服务使用过程中遇到问题时，顾客经常和我们一起解决	1	2	3	4	5
ZSGC2	当产品/服务需要改善升级时，顾客经常给我们提供建议或对策	1	2	3	4	5
ZSGC3	顾客很频繁地向我们分享顾客的工作经验以及工作体会	1	2	3	4	5
ZSGC4	顾客会尝试更有效的方式向我们提供顾客在其他培训中获得专业知识或技能	1	2	3	4	5
FWCXJX1	与竞争对手相比，我们企业的总利润水平较高	1	2	3	4	5
FWCXJX2	与竞争对手相比，我们企业在全国范围内的市场份额水平较高	1	2	3	4	5
FWCXJX3	与竞争对手相比，我们企业的销售年增长率较高	1	2	3	4	5

以下是对 E 顾客参与创新行为的描述，请您根据您的同意程度进行选择。

题号	题目内容	完全不符合	不符合	一般	符合	完全符合
GNGS1	顾客愿意经常向我们提供产品的维修记录和损坏位置	1	2	3	4	5
GNGS2	顾客打算和我们更频繁地分享他们的工作经验以及工作体会	1	2	3	4	5
GNGS3	如果我们向顾客询问关于服务改善所需要的知识时，顾客会愿意告知我们	1	2	3	4	5
ZSGX1	顾客经常向我们提供产品的维修记录和损坏位置	1	2	3	4	5
ZSGX2	当我们询问顾客关于产品改善所需要的知识时，顾客会告知我们	1	2	3	4	5
ZSGX3	顾客很频繁地向我们提供产品使用情况	1	2	3	4	5
ZSGC1	当产品/服务使用过程中遇到问题时，顾客经常和我们一起解决	1	2	3	4	5
ZSGC2	当产品/服务需要改善升级时，顾客经常给我们提供建议或对策	1	2	3	4	5
ZSGC3	顾客很频繁地向我们分享顾客的工作经验以及工作体会	1	2	3	4	5
ZSGC4	顾客会尝试更有效的方式向我们提供顾客在其他培训中获得专业知识或技能	1	2	3	4	5
FWCXJX1	与竞争对手相比，我们企业的总利润水平较高	1	2	3	4	5
FWCXJX2	与竞争对手相比，我们企业在全国范围内的市场份额水平较高	1	2	3	4	5
FWCXJX3	与竞争对手相比，我们企业的销售年增长率较高	1	2	3	4	5

以下是对 F 顾客参与创新行为的描述，请您根据您的同意程度进行选择。

题号	题目内容	完全不符合	不符合	一般	符合	完全符合
GNGS1	顾客愿意经常向我们提供产品的维修记录和损坏位置	1	2	3	4	5
GNGS2	顾客打算和我们更频繁地分享他们的工作经验以及工作体会	1	2	3	4	5
GNGS3	如果我们向顾客询问关于服务改善所需要的知识时，顾客会愿意告知我们	1	2	3	4	5
ZSGX1	顾客经常向我们提供产品的维修记录和损坏位置	1	2	3	4	5
ZSGX2	当我们询问顾客关于产品改善所需要的知识时，顾客会告知我们	1	2	3	4	5
ZSGX3	顾客很频繁地向我们提供产品使用情况	1	2	3	4	5
ZSGC1	当产品/服务使用过程中遇到问题时，顾客经常和我们一起解决	1	2	3	4	5
ZSGC2	当产品/服务需要改善升级时，顾客经常给我们提供建议或对策	1	2	3	4	5
ZSGC3	顾客很频繁地向我们分享顾客的工作经验以及工作体会	1	2	3	4	5
ZSGC4	顾客会尝试更有效的方式向我们提供顾客在其他培训中获得专业知识或技能	1	2	3	4	5
FWCXJX1	与竞争对手相比，我们企业的总利润水平较高	1	2	3	4	5
FWCXJX2	与竞争对手相比，我们企业在全国范围内的市场份额水平较高	1	2	3	4	5
FWCXJX3	与竞争对手相比，我们企业的销售年增长率较高	1	2	3	4	5

以下是对 G 顾客参与创新行为的描述，请您根据您的同意程度进行选择。

题号	题目内容	完全不符合	不符合	一般	符合	完全符合
GNGS1	顾客愿意经常向我们提供产品的维修记录和损坏位置	1	2	3	4	5
GNGS2	顾客打算和我们更频繁地分享他们的工作经验以及工作体会	1	2	3	4	5
GNGS3	如果我们向顾客询问关于服务改善所需要的知识时，顾客会愿意告知我们	1	2	3	4	5
ZSGX1	顾客经常向我们提供产品的维修记录和损坏位置	1	2	3	4	5
ZSGX2	当我们询问顾客关于产品改善所需要的知识时，顾客会告知我们	1	2	3	4	5
ZSGX3	顾客很频繁地向我们提供产品使用情况	1	2	3	4	5
ZSGC1	当产品/服务使用过程中遇到问题时，顾客经常和我们一起解决	1	2	3	4	5
ZSGC2	当产品/服务需要改善升级时，顾客经常给我们提供建议或对策	1	2	3	4	5
ZSGC3	顾客很频繁地向我们分享顾客的工作经验以及工作体会	1	2	3	4	5
ZSGC4	顾客会尝试更有效的方式向我们提供顾客在其他培训中获得专业知识或技能	1	2	3	4	5
FWCXJX1	与竞争对手相比，我们企业的总利润水平较高	1	2	3	4	5
FWCXJX2	与竞争对手相比，我们企业在全国范围内的市场份额水平较高	1	2	3	4	5
FWCXJX3	与竞争对手相比，我们企业的销售年增长率较高	1	2	3	4	5

以下是对 H 顾客参与创新行为的描述，请您根据您的同意程度进行选择。

题号	题目内容	完全不符合	不符合	一般	符合	完全符合
GNGS1	顾客愿意经常向我们提供产品的维修记录和损坏位置	1	2	3	4	5
GNGS2	顾客打算和我们更频繁地分享他们的工作经验以及工作体会	1	2	3	4	5
GNGS3	如果我们向顾客询问关于服务改善所需要的知识时，顾客会愿意告知我们	1	2	3	4	5
ZSGX1	顾客经常向我们提供产品的维修记录和损坏位置	1	2	3	4	5
ZSGX2	当我们询问顾客关于产品改善所需要的知识时，顾客会告知我们	1	2	3	4	5
ZSGX3	顾客很频繁地向我们提供产品使用情况	1	2	3	4	5
ZSGC1	当产品/服务使用过程中遇到问题时，顾客经常和我们一起解决	1	2	3	4	5
ZSGC2	当产品/服务需要改善升级时，顾客经常给我们提供建议或对策	1	2	3	4	5
ZSGC3	顾客很频繁地向我们分享顾客的工作经验以及工作体会	1	2	3	4	5
ZSGC4	顾客会尝试更有效的方式向我们提供顾客在其他培训中获得专业知识或技能	1	2	3	4	5
FWCXJX1	与竞争对手相比，我们企业的总利润水平较高	1	2	3	4	5
FWCXJX2	与竞争对手相比，我们企业在全国范围内的市场份额水平较高	1	2	3	4	5
FWCXJX3	与竞争对手相比，我们企业的销售年增长率较高	1	2	3	4	5

以下是对 I 顾客参与创新行为的描述，请您根据您的同意程度进行选择。

题号	题目内容	完全不符合	不符合	一般	符合	完全符合
GNGS1	顾客愿意经常向我们提供产品的维修记录和损坏位置	1	2	3	4	5
GNGS2	顾客打算和我们更频繁地分享他们的工作经验以及工作体会	1	2	3	4	5
GNGS3	如果我们向顾客询问关于服务改善所需要的知识时，顾客会愿意告知我们	1	2	3	4	5
ZSGX1	顾客经常向我们提供产品的维修记录和损坏位置	1	2	3	4	5
ZSGX2	当我们询问顾客关于产品改善所需要的知识时，顾客会告知我们	1	2	3	4	5
ZSGX3	顾客很频繁地向我们提供产品使用情况	1	2	3	4	5
ZSGC1	当产品/服务使用过程中遇到问题时，顾客经常和我们一起解决	1	2	3	4	5
ZSGC2	当产品/服务需要改善升级时，顾客经常给我们提供建议或对策	1	2	3	4	5
ZSGC3	顾客很频繁地向我们分享顾客的工作经验以及工作体会	1	2	3	4	5
ZSGC4	顾客会尝试更有效的方式向我们提供顾客在其他培训中获得专业知识或技能	1	2	3	4	5
FWCXJX1	与竞争对手相比，我们企业的总利润水平较高	1	2	3	4	5
FWCXJX2	与竞争对手相比，我们企业在全国范围内的市场份额水平较高	1	2	3	4	5
FWCXJX3	与竞争对手相比，我们企业的销售年增长率较高	1	2	3	4	5

以下是对 J 顾客参与创新行为的描述，请您根据您的同意程度进行选择。

题号	题目内容	完全不符合	不符合	一般	符合	完全符合
GNGS1	顾客愿意经常向我们提供产品的维修记录和损坏位置	1	2	3	4	5
GNGS2	顾客打算和我们更频繁地分享他们的工作经验以及工作体会	1	2	3	4	5
GNGS3	如果我们向顾客询问关于服务改善所需要的知识时，顾客会愿意告知我们	1	2	3	4	5
ZSGX1	顾客经常向我们提供产品的维修记录和损坏位置	1	2	3	4	5
ZSGX2	当我们询问顾客关于产品改善所需要的知识时，顾客会告知我们	1	2	3	4	5
ZSGX3	顾客很频繁地向我们提供产品使用情况	1	2	3	4	5
ZSGC1	当产品/服务使用过程中遇到问题时，顾客经常和我们一起解决	1	2	3	4	5
ZSGC2	当产品/服务需要改善升级时，顾客经常给我们提供建议或对策	1	2	3	4	5
ZSGC3	顾客很频繁地向我们分享顾客的工作经验以及工作体会	1	2	3	4	5
ZSGC4	顾客会尝试更有效的方式向我们提供顾客在其他培训中获得专业知识或技能	1	2	3	4	5
FWCXJX1	与竞争对手相比，我们企业的总利润水平较高	1	2	3	4	5
FWCXJX2	与竞争对手相比，我们企业在全国范围内的市场份额水平较高	1	2	3	4	5
FWCXJX3	与竞争对手相比，我们企业的销售年增长率较高	1	2	3	4	5